Andreas Fischer
(Hrsg.)

Lernaktive Methoden in der beruflichen Umweltbildung

Die Deutsche Bibliothek - CIP-Einheitsaufnahme

Lernaktive Methoden in der beruflichen Umweltbildung/Andreas Fischer (Hrsg.).
- Bielefeld: Bertelsmann, 1996
ISBN 3-7639-0056-X
NE: Fischer, Andreas (Hrsg.)

Gesamtherstellung: W. Bertelsmann Verlag, Bielefeld
Umschlaggestaltung: Adam Design, BDG, Bielefeld
Layout und Satz: Birthe Dukat und Friedhelm Dukat

Printed in Germany

ISBN 3-7639-0056-X

Bestell-Nr. 60 01 185

Inhalt

Andreas Fischer

Über die Notwendigkeit, sich mit dem „Wie" auseinanderzusetzen

Wir wissen, daß sich Inhalt und Methode bedingen. In der didaktischen Debatte ist diese Erkenntnis bereits als Implikationszusammenhang verschlagwortet. Wenn explizit Methoden der beruflichen Umweltbildung in den Mittelpunkt gerückt werden, dann hat das zwei Gründe: Zum einen gewinnen methodische Fragen in der allgemeinen Umweltbildung zunehmend an Bedeutung, zum anderen kann in der beruflichen Bildungsdiskussion von einem Methodenboom gesprochen werden, der vor allem *lernaktive Arrangements in den Blickpunkt* rückt. Diese Entwicklung kann für die berufliche Umweltbildung genutzt werden, indem gefragt wird, welche Aspekte gerade für ein umweltorientiertes Lernen erfolgversprechend einzusetzen sind. Gleichzeitig können die methodischen Ansätze wie Planspiel, Lernbüro, Juniorenfirma oder die Zukunftswerkstatt auf ihre ökologische Bedeutung untersucht werden sowie auf die Konsequenzen, die sich für die berufliche Bildung aus einem verstärkten Einsatz ergeben.

lernaktive Arrangements im Blickpunkt

Die folgenden Beiträge greifen diese Fragen mit dem Ziel auf, Lösungsansätze zu entwickeln. Entgegen dem üblichen Procedere werden die Überlegungen der Autoren nicht vorab in der Einleitung vorgestellt, da dies in der Regel auf eine Aneinanderreihung von Abstracts hinausläuft. Das mag für einen schnellen Überblick hilfreich sein, doch geht es auf Kosten der detaillierten Auseinandersetzung mit ökologisch ausgerichteten Lehr- und Lernarrangements.

Dafür werden einführend die Methodendebatte in der allgemeinen Umweltbildung und der wirtschafts- und berufspädagogische Methodendiskurs skizziert sowie didaktisch-methodische *Ansatzmöglichkeiten für eine am Nachhaltigkeits-Gedanken orientierte berufliche Bildung* diskutiert.
Um es vorwegzunehmen:
Wir sind zwar noch weit entfernt von einer nachhaltigen beruflichen Bildung; doch die in diesem Band vorgestellten Ideen zeigen, daß wir uns dem Ziel langsam annähern.

Ansatzmöglichkeiten für eine am Nachhaltigkeits-Gedanken orientierte berufliche Bildung

Die Methodendiskussion in der allgemeinen Umweltbildung

Es gehört inzwischen zum Allgemeingut, darauf hinzuweisen, daß die Kluft zwischen dem, was wir wissen oder wissen können, und der Komplexität des sozial-ökologischen Systems als unüberwindbar erscheint. Komplexe Phänomene wie ökologische Systeme und Probleme können nicht vollständig und detailliert analysiert werden. Bereits bei der Erfassung ökologischer Sachverhalte tritt ein ganzes Bündel zum Teil sich verstärkender Schwierigkeiten auf. Die zu beschreibenden Inhalte und Zusammenhänge können so vielschichtig sein, daß eine adäquate datenmäßige Erfassung beim derzeitigen Stand der Wissenschaft (noch) nicht möglich ist. Die *Halbwertzeit des Wissens verringert sich,* weil gewonnene Informationen so rasch veralten, daß mit ihnen kaum sinnvoll gearbeitet werden kann. Pointiert läßt sich behaupten, daß in einer Zeit, in der es zur Selbstverständlichkeit geworden ist, daß nichts mehr selbstverständlich ist, Gewißheiten Sackgassen markieren. So ist es nicht verwunderlich, daß davor gewarnt wird, scheinbar gesicherte Kenntnisse zu vermitteln, wo fast alles ungewiß geworden ist.

Reduzierung der Halbwertzeit des Wissens

Die Grenzen des Wissens als Kalamität darzustellen, hat in der umweltpolitischen und -pädagogischen Diskussion Konjunktur. Dabei bleibt oft unberücksichtigt, daß trotz aller Beschränkungen das Wissen über die oben angesprochenen Veränderungsprozesse so groß ist, daß Schwierigkeiten eher aufgrund der Menge der verfügbaren Handlungsmöglichkeiten entstehen. In den Berichten der Enquête-Kommission für Klimaschutz des Deutschen Bundestages bzw. der Enquête-Kommission „Schutz des Menschen und der Umwelt" steht so viel Wissenswertes über rationelle Energieverwendung und ökoeffizientes Handeln, daß davon nur ein Bruchteil realisiert werden kann.

Als eine mögliche Strategie, mit der Problematik der Obsoleszenzanfälligkeit von Wissen umzugehen, wird die *Förderung von Metawissen* angestrebt – also ein Wissen über das Wissen und seine Grenzen. Inzwischen besteht Konsens, daß die Vermittlung von Kenntnissen im Rahmen der Umweltbildung nicht ausreicht, um umweltgerechtes Verhalten zu bewirken (vgl. dazu exemplarisch das Jahresgutachten des Wissenschaftlichen Beirats der Bundesregierung Globale Umweltänderungen [WBGU], 1996).

Förderung von Metawissen

Doch damit nicht genug: Empirische Arbeiten über die Entstehung verantwortlicher Einstellungen und Grundlagen für Verhaltensänderungen machen deutlich, daß der *lineare Ableitungszusammenhang von Wissen, Bewußtsein, Einstellung und Handlung korrekturbedürftig* ist (vgl. dazu exemplarisch die Überlegungen von Gerhard de Haan/Udo Kuckartz, 1996; Lebensstil, Wohlbefinden, Umweltbewußtsein. Forschungsgruppe Umweltbildung der FU Berlin). Für die (umwelt-)pädagogische Arbeit bedeutet dies, sich von dem Menschenbild und dem Lernmodell zu lösen, das in Fortsetzung rationalistischer Grundannahmen auf einen Zugewinn an Wissen zielt, der als notwendige Voraussetzung zum Handeln begriffen wird.

Abschied von linearen Ableitungszusammenhängen

Für die Methodendebatte kann an die Tradition des Umweltlernens angeknüpft werden, das sich als eine *Persönlichkeitsbildung* im humanistischen Sinn versteht, die wiederum zu verantwortlichem ökologischen Denken und Handeln in der Gesellschaft befähigen soll. Im Mittelpunkt stehen dabei das kooperierende Lernen in Partnerarbeit und Kleingruppen, die Fähigkeit, anderen bei Schwierigkeiten im Lernprozeß sachgemäß helfen zu können, und das Erlernen von rationalen Formen der Konfliktbewältigung sowie der Fähigkeit, sich auch in größeren Gruppen mit Anregungen, Kritik, eigenen Argumentationen einbringen zu können.

Persönlichkeitsbildung

Dabei wird die *Wissensvermittlung* nach wie vor *als eine wichtige Voraussetzung* für umweltverträgliches Verhalten angesehen. Sie wird als Grundlage zu problemlösendem Denken betrachtet, das über die lokale und regionale Situation hinauszugehen vermag. Doch das allein reicht nicht. Die Wissensvermittlung ist um die Aspekte zu erweitern, die in der umweltpädagogischen Diskussion als Leitlinien erörtert werden. So soll die Umweltbildung an Erfahrungen aus alltäglichen Lebenszusammenhängen ansetzen, in denen sich Umweltprobleme beispielhaft zeigen (Situationsorientierung). Es sollte versucht werden, nach den Ursachenkonstellationen zu fragen, sie zu problematisieren und Handlungsmöglichkeiten zu erörtern.

Wissensvermittlung als Voraussetzung

Weiterhin greift Umweltbildung die didaktische Diskussion zur *Handlungsorientierung* auf, in der Ansätze der aktiven Aneignung ins Zentrum der Methodenentscheidungen gerückt werden. Die unter dem Stichwort Handlungsorientierung entwickel-

Handlungsorientierung

ten Vorschläge gehen von der ökologischen Gestaltung der Schule über die Untersuchung eines Gewässers, das Erstellen einer Informationsbroschüre zu einem aktuellen Umweltproblem bis hin zur Mitarbeit in einer Umweltinitiative. Damit soll der Blick für die Problematik ökologischer Systeme geschärft werden, die aufgrund ihrer Komplexität und der damit verbundenen Eigenschaften wie Eigendynamik, Intransparenz und mangelnde Erfahrbarkeit erhebliche Anforderungen an den einzelnen stellen.

Ganzheitlichkeit

Neben der Handlungsorientierung wird in der Umweltbildung ein *ganzheitliches Vorgehen* gefordert. Damit ist sowohl die Auseinandersetzung mit naturwissenschaftlich-technischen Aspekten von Umweltproblemen gemeint als auch das Mitdenken ethischer, sozialer und gesellschaftlicher Bezüge zur Lebenswirklichkeit der Menschen.

Partizipation und Antizipation

Ebenso zielt Umweltbildung auf *partizipatorisches und antizipatorisches Lernen.* Umweltprobleme sind in aller Regel durch Interessengegensätze gekennzeichnet; sie zu erkennen, zu durchschauen und sich, falls möglich, einzumischen, wird als ein Ziel der Umweltbildung formuliert. Angestrebt wird, damit die Lernenden zu kritischem und selbstbestimmtem Handeln zu befähigen. Hinsichtlich der Bewertung von Natur- bzw. Umweltzuständen sind außerdem partizipatorische Fähigkeiten notwendig, die sich vor allem auf die damit verbundenen Entscheidungen im Rahmen eines gesellschaftlichen Diskurses beziehen. Das Erkennen von ökologischen Zusammenhängen erfordert zugleich die Fähigkeiten zur Reflexion, die individuelles Verhalten ebenso hinterfragt wie das gesellschaftliche Handeln. Antizipatorisches Denken macht es möglich, künftige Entwicklungen bzw. Beeinflussungen von Natur und Umwelt sowie deren Folgen abzuschätzen.

Die wirtschafts- und berufspädagogische Methodendebatte

Auch in der wirtschafts- und berufspädagogischen Diskussion wird es immer populärer, auf die Verkürzung der Halbwertzeit des Wissens, insbesondere des Fach- und Spezialwissens, hinzuweisen. Es wird geschlußfolgert, daß sich die Bedeutung von Fachwissen und Fachkönnen im Vergleich zur Sozial- und Methodenkompetenz verringern werde (vgl. dazu exemplarisch die Überlegungen von Rolf Arnold, 1994; Berufsbildung. Annäherungen an eine evolutionäre Berufspädagogik). Die Debatte über *Schlüsselqualifikationen* macht deutlich, daß neben den fachlichen im wesentlichen soziale und methodische Fähigkeiten gefördert werden sollen. Das Begriffstrio „Fachkompetenz – Methodenkompetenz – Sozialkompetenz" ist in der (theoretischen) Debatte der Berufsbildung bereits Allgemeingut.

Schlüsselqualifikationen

So forciert das Bundesinstitut für Berufsbildung seit der im Hauptausschuß 1987 getroffenen Verständigung über die Ziele einer Neuordnung der beruflichen Bildung gerade die Förderung und Propagierung von Ausbildungsmethoden. Im Zentrum stehen die Unterstützung der Selbständigkeit und Teamfähigkeit sowie das *selbstgesteuerte Lernen* und schließlich das *selbständige Handeln,* die Förderung der Lernmotivation und die Änderung von Lernbedingungen, die Realisierung von Projektarbeit und der Aufbau von Selbstlernsystemen (vgl. dazu exemplarisch Peter Dehnbostel/H. J. Walter Lezius [Hrsg.], 1995; Didaktik moderner Berufsbildung. Standorte, Entwicklungen, Perspektiven).

selbstgesteuertes Lernen und selbständiges Handeln

Gefordert wird auch der verstärkte Einsatz von *mehrdimensionalen Methoden und Konzepten,* die den Menschen als Gesamtpersönlichkeit in Anspruch nehmen. Ausbildungsbeilagen überregionaler Tageszeitungen wie auch Zeitschriften zur Bildungspolitik stellen diese Gesamtpersönlichkeit ebenfalls in den Mittelpunkt.

mehrdimensionale Lehr-Lernarrangements

Zusammenfassend kann festgehalten werden, daß die moderne Berufsausbildung verstärkt Methoden fokussiert, die damit nahezu gleichwertig neben der Inhaltsvermittlung stehen. Insgesamt kann also von einem Methodenboom in der wirtschafts- und berufsdidaktischen Debatte gesprochen werden. Im kaufmännischen Teil des Berufsbildungssystems werden neue Methoden und Konzepte wie Leittextmethode, Projektmethode, interaktive Lernsysteme, Simulation, Lernbüro- oder Juniorenfirmenkonzepte eingeführt. Auch Methoden wie die Zukunftswerkstatt oder die Szenario-Technik werden neben dem Planspiel oder der Fallstudie für den Berufsschulunterricht erprobt.

Konsequenzen für die berufliche (Umwelt-)Bildung

Die Erwartungen an mehrdimensionale Lehr-Lernarrangements, die insbesondere der Problematik ökologischer Systeme gerecht werden sollen, sind hoch gesteckt. Nicht nur aus der Sicht der beruflichen Umweltbildung stellt sich die Frage, ob diese Ansprüche zu erfüllen sind und ob sie ein ökologisch orientiertes Handeln fördern. Werden tatsächlich neben den kognitiven Gesichtspunkten emotional-affektive und kommunikative Aspekte sowie die Fähigkeit zum moralischen Urteil berücksichtigt? Stellen die mehrdimensionalen Lehr- und Lernarrangements „Insellösungen" oder „Integrationsperspektiven" dar? Verbirgt sich hinter dem Begriff lernaktive Methoden nicht auch viel Scharlatanerie – die Exkursion in den Wald ist oft nichts anderes als ein Lehrervortrag, der zur Abwechslung vom Förster gehalten wird –?

Die Debatte über Methoden kann schnell in jene utilitaristische, sozio-technische Ecke geraten, der sie vermeintlich zu entkommen glaubt. Denn Methoden haben sowohl einen instrumentellen als auch einen reflexiven Charakter. Methoden sind instrumentell, weil sie Regeln oder Prinzipien widerspiegeln, die operativ von bestimmten Ausgangsbedingungen zu einem vorgegebenen Ziel führen sollen. Die *Zielgerichtetheit* ist somit ein wesentliches Merkmal von Methoden. Mit der instrumentellen Handhabung verbindet sich die Konvention über die Anwendung von Verfahren. Der reflexive Charakter der Methoden besteht darin, daß sie sich auf die Ausgangsbedingungen und die Prozeßreaktionen beziehen. So schließt die Methodenwahl, autonom vollzogen, Reflexion über die Unabwägbarkeiten des Weges ein, der zur Erreichung eines Zieles eingeschlagen werden soll. Mit *Reflexivität* wird das Interesse auf die Angemessenheit hinsichtlich des Gegenstandes und des Erkenntniszieles gerichtet, was bedeutet, gleichzeitig die Konventionen zu hinterfragen. Durch die Vergewisserung, die auch eine Selbstvergewisserung darstellt, stehen Methoden gleichzeitig im Bezug zu Identität und Identitätsbildung.

Ziel-gerichtet-heit

Reflexivität

Diese Charaktereigenschaften der Methoden muß man sich immer wieder bewußtmachen, um dem grundlegenden Problem der *Formalisierung von Methoden* begegnen zu können. Denn ebenso wie die Selbstverwaltung einer Juniorenfirma oder die Selbstorganisation von Modellbetrieben in Schulen noch nichts über die Qualität der (simulierten) Geschäftsabläufe und des Lernens aussagen, ist nicht ersichtlich, welchen Zielen solche Methoden dienstbar gemacht werden. So können Zukunftswerkstätten auch diejenigen durchführen, die sich trotz aller Ge-

Formalisierung von Methoden

genargumente vom Glauben an die atomare Zukunft der Energiewirtschaft nicht abbringen lassen wollen. Da hilft es wenig, die Methoden mit dem Attribut „ökologisch orientiert" zu versehen.

Methoden für eine nachhaltige berufliche Bildung

Mit Nachhaltigkeit ist nicht gemeint, wie wirksam die Schulung auf längere Sicht ist. Vielmehr steht hinter diesem Begriff die Idee einer dauerhaft-umweltgerechten Entwicklung des Wirtschaftens und Konsums, die sich vom traditionellen wirtschaftlichen Fortschritts- und Wachstumsmodell löst. Die heutigen Bedürfnisse sind zu hinterfragen und mit Rücksicht auf zukünftige Generationen zu verändern. Ziel einer nachhaltigen Entwicklung ist also eine *generationsübergreifende Gerechtigkeit.* Doch das ist nur die eine Seite der Medaille. Auch die Verteilungsungerechtigkeiten innerhalb einer Generation sind abzubauen. Gemeint ist damit, daß die Ungleichheiten zwischen den Industrie- und Entwicklungsländern, aber auch innerhalb der einzelnen Nationen beseitigt werden sollen. Gerade dies ist das Charakteristische am Nachhaltigkeits-Gedanken.

generations-übergreifende Gerechtigkeit

Antworten auf die Frage, wie die Nachhaltigkeits-Idee (Sustainability) konkret realisiert werden kann und welche Strategien dazu erforderlich sind, sind diskursiv in Form eines *kommunikativen Prozesses* zu entwickeln. Nur eine möglichst breite gesellschaftliche Beteiligung kann der Idee jene Zustimmung verschaffen, die Voraussetzung dafür ist, daß die damit verbundenen Ziele anschließend mit konkreten Maßnahmen und geeigneten Instrumenten umgesetzt werden können. Umweltziele können folglich nicht nur durch Expertengremien festgelegt, sie müssen vielmehr – auf Basis von Expertenwissen – in einem weitgefaßten gesellschaftlichen Prozeß formuliert und bestätigt werden (vgl. dazu exemplarisch BUND/Misereor [Hrsg.], 1996; Zukunftsfähiges Deutschland). In diesem (gesellschaftlichen) Diskurs sollte nicht nur über Gestaltungsprinzipien (Wie?) verhandelt werden, sondern gleichzeitig die Richtigkeit und Notwendigkeit des Ansatzes (Ob?) überprüft werden.

kommunikativer Prozeß

Damit können nicht aus einer „oben angesiedelten Sinn-Normung" Handlungsanweisungen abgeleitet werden, vielmehr muß der Suchprozeß von den konkreten Lebensbedingungen der Beteiligten ausgehen. Alles andere führt zu einer Praxisferne, die die Sustainability-Idee ihrer Gegenwarts- und Zukunftsorientierung beraubt und sie im luftleeren Raum verblassen läßt.

Neuorientierung des Denkens

Letztlich ergibt sich ein Spannungsfeld daraus, daß eine *Neuorientierung des Denkens* und eine Option zur Verhaltensänderung angestrebt werden, für die die Rahmenbedingungen noch nicht geschaffen sind und Konzepte noch nicht zur Verfügung stehen. Kurz: Wir wagen uns auf ein Terrain, das erst noch urbar gemacht werden muß.

Von entscheidender Bedeutung ist es dabei, den Umgang mit natürlichen Ressourcen zu thematisieren, die ökologischen Handlungs- und Entscheidungsfreiräume zu erkennen, zu nutzen und im Maße des Möglichen zu erweitern sowie die Funktion und den Sinn des eigenen Tuns reflektiv zu hinterfragen. Um der Sustainability-Idee gerecht werden zu können, sind komplex gestaltete Lehr-Lernverfahren erforderlich, die die berufliche Handlungskompetenz und -bereitschaft der Schüler sowie ihr Urteilsvermögen und ihre Problemlösungsfähigkeit fördern.

Es versteht sich von selbst, daß sich eine an der Nachhaltigkeitsidee ausgerichtete berufliche Bildung nicht auf methodische Aspekte beschränken und sich allein auf das Arrangieren mehrdimensionaler Lehr- und Lernverfahren konzentrieren kann. Inhaltliche Fragen dürfen nicht ausgeklammert werden, denn ansonsten wird ein an *einer* Variablen ausgerichtetes Wirtschaftsverständnis lediglich mit verändertem Methodenrepertoire vermittelt. Mit der ausschließlichen Konzentration auf methodische Fragen wird lediglich alter Wein (Inhalt) in neue Schläuche (Methoden) umgefüllt. Erste Ansätze zur Integration des Sustainability-Gedankens in den berufsbildenden Unterricht sind bereits erarbeitet worden (vgl. dazu exemplarisch Andreas Fischer, 1995; Nachhaltiges Wirtschaften. Pädagogisches Landesinstitut Brandenburg).

Handlungsorientierung – „von hinten aufgezäumt"

Inzwischen ist bekannt, daß keine kausale Beziehung zwischen Wissen, Bewußtsein und Handeln für das Umweltverhalten existiert (vgl. dazu exemplarisch Udo Kuckartz, 1995; Umweltwissen, Umweltbewußtsein, Umweltverhalten. Der Stand der Umweltbewußtseinsforschung. In: Haan, de, G. [Hrsg.]; Umweltbewußtsein und Massenmedien. Perspektiven ökologischer Kommunikation). Zudem ist diese Kausalität unter pädagogischen Gesichtspunkten deswegen problematisch, weil hinter dieser Sicht eine unausgesprochene Machbarkeitsvorstellung über die Planbarkeit und Gestaltungsmöglichkeit von Lernprozessen steht. Von dieser *Zweck-Mittel-Tausch-Philosophie* bzw. dem instrumentellen Verständnis von Umweltbildung hat sich das didaktisch-methodische Konzept der Handlungsorientierung noch nicht gelöst, weil nach wie vor gehofft wird, daß sich die Lernenden durch ein handlungsorientiertes Arrangement Wissen aneignen, das sie ggf. in Handeln einfließen lassen können oder das sogar zu einem (erwünschten) Verhalten führt. Nach wie vor wird an der kausalen Wirkungsfolge festgehalten, daß sich das Handeln aus dem Wissenspotential ableitet – nach wie vor wird von einem Gefälle vom Wissen zum Handeln ausgegangen.

Zweck-Mittel-Tausch-Philosophie

Die Argumentationsfolge läßt sich jedoch in umgekehrter Richtung – quasi als Umkehrung der handlungsdidaktischen Argumentationskette entwickeln: Didaktisch aufbereitet steht das konkrete Handeln im Mittelpunkt, aus dem das Wissen als Folge der Handlung wächst. Damit wird das Umweltverhalten aus der engen Umklammerung von Wissen herausgelöst, und tieferliegende Bestimmungsmomente des Verhaltens werden berücksichtigt, wie zum Beispiel Faktoren des persönlichen Wohlbefindens und der Lebensstile sowie das berufliche Umfeld und die mit dem beruflichen Handeln verbundenen Leitbilder.

Dazu ist es erforderlich, didaktisch aufbereitete *erfahrungs- und handlungsorientierte Lernräume* zu entwickeln, in denen ein Handeln möglich ist, das den durch den Beruf geprägten und vorgegebenen Normen entspricht. Solche Lernarrangements sollten sich nicht allein auf einen Lernort der beruflichen Bildung konzentrieren, sondern kooperativ von beiden Trägern des dualen Systems realisiert werden. Konkret können sich Kooperationen in ökologischen Simulationsseminaren niederschlagen, in denen die Teilnehmer zu Akteuren in einem Konflikt zwischen ökonomischen und ökologischen Interessen werden. Ebenso sind ökologische Projektseminare bzw. -werkstätten denkbar, in denen eine umwelt-relevante Fragestellung aus dem betrieblichen Alltag ins Zentrum gerückt wird. So können zum Beispiel Lösungsvorschläge für die ökologische Optimierung eines be-

erfahrungs- und handlungsorientierte Lernräume

stimmten Produktionsverfahrens oder Produktes entwickelt, kritisch diskutiert und schließlich im Betrieb umgesetzt werden. In ökologischen Qualitätszirkeln, die als regelmäßig tagende Diskussionsforen (von ein bis zwei Stunden pro Woche) eingerichtet werden, können ökologische Schwachstellen des betrieblichen Alltags benannt, Lösungen und konkrete Strategien entworfen und verwirklicht werden.

Zusammenwirken der Lernorte Schule und Betrieb

Durch das *Zusammenwirken der beiden Lernorte Schule und Betrieb* werden Kräfte freigesetzt, die durch die praktizierte Abgrenzung gebunden sind und bislang nicht für die Ausbildung nutzbringend eingesetzt werden können. Anstatt doppelter Anstrengungen und teilweise doppelter Vermittlung der gleichen Inhalte ist eine Halbierung der Kräfte durch gemeinsames Vorgehen möglich. Dabei werden (zeitliche) Ressourcen frei, die für Projekte, Exkursionen und andere handlungsorientierte Ausbildungsmethoden notwendig sind.

Kooperation mit Umweltverbänden und -zentren

Eine so verstandene nachhaltige berufliche Bildung unterstützt auf bildungspolitischer Ebene die wirtschaftspolitischen und gesellschaftlichen Prozesse, die sich von der durch Einweg- und Wegwerfmentalität geprägten Wirtschaftsweise entfernen und eine nachhaltige Wirtschaftsform anstreben, indem sie den dafür notwendigen Qualifizierungsprozeß fördert und gleichzeitig den Anstoß zu einer Neuorientierung des Denkens und Verhaltens gibt. Dazu gehört auch, die Kooperation zwischen betrieblichen und schulischen Lernorten um *Kooperationen mit Umweltverbänden und -zentren* zu erweitern.

Neues Selbstverständnis bei Lehrenden

Die Konzepte für komplexe, mehrdimensionale Lehr- und Lernverfahren sowie Ansätze der handlungsorientierten Didaktik sind als Entwurf gegen lehrerbestimmtes, also fremdgesteuertes Lernen in isolierten Einzelfächern sowie als Gegenmodell zum linear-kausalen Lernverfahren zu verstehen, die die Bemühungen um einen modernen Unterricht widerspiegeln. Im Mittelpunkt der handlungsorientierten Ansätze steht die möglichst weitgehende Eigenaktivität der Schüler. Diese didaktische Erkenntnis ist auch für den Unterricht im Sinne einer nachhaltigen Entwicklung zu nutzen, bei der es darum geht, eine umweltbewußte Urteils- und Handlungskompetenz zu fördern. Bei den

Auszubildenden soll letztlich die Bereitschaft und Fähigkeit entwickelt werden, die komplexen Wirkungsbereiche und Entstehungszusammenhänge von Umweltproblemen zu erfassen, Möglichkeiten der Konfliktbewältigung zwischen Ökonomie und Ökologie zu erschließen sowie aktiv und sachkundig an ihrer Verwirklichung im privaten, öffentlichen und beruflichen Bereich mitzuwirken.

Getragen und gestaltet werden muß dieser Prozeß von allen – in der beruflichen Bildung von Lehrenden und Lernenden. Ausbilder und Berufsschullehrer sehen sich noch vielfach zuallererst als Vermittler von Fachqualifikationen, also mehr als Wissensvermittler denn als Pädagogen – obwohl es inzwischen deutlich geworden ist, daß die lernaktiven Methoden von Lehrern eine veränderte Sichtweise und ein modifiziertes Rollenverständnis erfordern. Notwendig ist nicht nur ein hohes Maß an *Lernbereitschaft,* sondern auch Offenheit gegenüber neuen Methoden jenseits von lehrerzentrierten Verfahrensweisen. Handlungsorientierte Lehr-Lernarrangements brauchen eine zeitlich, organisatorisch und inhaltlich offenere Lernsituation, insbesondere die Arbeit in Klein- und Großgruppen, also weniger frontalausgerichtete Lehrer-Schüler-Gespräche. Der Interaktionsprozeß aller Teilnehmer steht dabei im Vordergrund, die Rolle des Lehrers ist eher die eines Moderators. Seine Aufgaben liegen nicht in erster Linie darin, inhaltliche Fragen zu klären, sondern der Gruppe zu helfen, die einzelnen Phasen des Lernprozesses zu durchlaufen, die „Spielregeln" zu verstehen und zu beachten. Lehrer begeben sich somit in einen unsicheren (Forschungs-)Prozeß, dessen Ausgang unklar ist.

der Lehrende als Lernender

Offene Fragen

Die in der beruflichen (wie auch in der allgemeinen) Umweltbildung diskutierten Methoden, Kommunikationsweisen und Organisationsformen sollen ökologische Lernprozesse in Unternehmen, Schulen und Universitäten voranbringen. Noch ungeklärt ist aber, wie sich die handlungsorientierten Lehr- und Lernformen aus der Sicht der agierenden Lehrenden und Lernenden auswirken und wie sie ihre Motivation beeinflussen. Zu untersuchen ist auch, inwiefern die Lernenden aufgrund ihrer jahrelangen Schulerfahrungen nicht bereits ein Unterrichtsbild verinnerlicht haben, das ein enges Methodenrepertoire wider-

Überforderung

spiegelt, so daß es ihnen schwerfällt, sich den neuen Methoden zu öffnen. Es bleibt die Frage, ob nicht auch eine *Überforderung* des einzelnen Lehrenden vorliegt, wenn von der fachdidaktischen Diskussion Methoden präferiert werden, die die Kapazitäten der Lehrkräfte als Einzelpersonen bei weitem überschreiten.

Ungeklärt ist nach wie vor, wie eine nachhaltig ausgerichtete berufliche Bildung im Kontext des Berufsschulunterrichts und der Akzeptanz der betrieblichen Ausbildung insgesamt zu konzipieren ist. Banal formuliert bedeutet dies: Wenn sich die berufliche Ausbildung „umweltneutral" oder sogar ökologisch unverträglich darstellt, wird die Glaubwürdigkeit von nachhaltigen Bildungsangeboten in Frage gestellt, die dann nur eine Außenseiterposition einnehmen können.

Zu guter Letzt

Der vorliegende Band gibt die Vorträge der Ringvorlesung wieder, die im Winter 1995/96 von der Gesellschaft für berufliche Umweltbildung gemeinsam mit dem Zentralinstitut für Fachdidaktiken der Freien Universität Berlin durchgeführt wurde. Jeder, der eine solche Veranstaltung organisiert und die Texte veröffentlicht hat, weiß, daß dazu zahlreiche Helfer notwendig sind. Neben den Referentinnen und den Referenten, die ihre Überlegungen vorgestellt und zur Veröffentlichung überarbeitet haben, ist auch den Mitarbeitern hinter der Kulisse zu danken, die das ganze Arrangement auf der Bühne erst ermöglicht haben. So haben mir Prof. Dr. Joachim Dikau und Peter Freitag, Verwaltungsleiter am Zentralinstitut für Fachdidaktiken der FU Berlin, den Rücken im Alltagsgeschäft freigehalten. Birthe und Friedhelm Dukat haben mit viel Geduld die Texte in ihre endgültige Form gebracht und die vielen Korrekturen eingearbeitet. Helga Lütkefend und Manfred Eigemeier vom Bertelsmann Verlag haben mich fachkundig beraten. Bei ihnen und vor allem bei Gabriela Hahn, die das ganze Projekt – von der Idee bis zum Druck – unterstützt hat, bedanke ich mich herzlich.

Ich bin mir sicher, daß es uns gelungen ist, dem Leser Stoff für an- und aufregende Lesestunden zu bieten.

Klaus Hahne

Didaktische Anforderungen an Lernkonzepte für berufliche Umweltbildung

Einleitung

In der Einleitung einer Veranstaltungsreihe über „Lernaktive Methoden in der beruflichen Umweltbildung" lassen sich die Anforderungen wie folgt zusammenfassen:
Das gesuchte *Lernkonzept* muß handlungsorientiert, subjektbezogen, ganzheitlich, problemorientiert, lernaktivierend, lernerzentriert, projektorientiert und offen konzipiert sein. Die Aufzählung von mehr oder weniger modischen Forderungen an beruflichen Unterricht oder an Lernkonzepte für die berufliche Bildung im allgemeinen oder die Umweltbildung im besonderen zeigt wohl gleich, daß mit einer bloßen Besinnung auf mögliche Methoden keine ausreichende Antwort auf die Fragen nach den Anforderungen an Lernkonzepte für Umweltbildung zu finden ist.

Lernkonzept

In früheren Veröffentlichungen habe ich dargelegt, daß die berufliche Umweltbildung im besonderen Maße „methoden- und mediensensibel sei",

- o weil sie, anders als ein Grundlehrgang „Metalltechnik", mit anderen betrieblichen, gesellschaftlichen und persönlichen Werten im Konflikt stehen kann,
- o weil sie über den Bereich von Fertigkeiten und Kenntnissen hinaus im hohen Maß auf Einstellungen und ethische und moralische Sichtweisen angewiesen ist,
- o weil sie, wie die Erfahrung aus zwanzig Jahren allgemeinbildender Umweltpädagogik zeigt, von relativer Wirkungslosigkeit geprägt ist, wenn sie sich weitgehend auf die Ebene kognitiver Wissensvermittlung verläßt.
  (Vgl. Biehler-Baudisch/Hahne, 1993)

Dennoch ist die Konzentration der Diskussion in der beruflichen Umweltbildung auf lernaktivierende Methoden – so positiv sie als selbstkritische Besinnung vom Lehrenden über die Wirksamkeit von Lern- und Vermittlungsprozessen auch sein mag – unter didaktischen Fragestellungen zu problematisieren.

Ich will an Überlegungen anknüpfen, die Wolfgang Klafki in den siebziger Jahren entwickelt hat. Klafki hat 1976 in einer kritischen Aufarbeitung der Differenzen zwischen der bildungstheoretischen Didaktik (Weniger, Klafki) und der lerntheoretischen Didaktik der Berliner Schule (Heimann, Otto, Schulz) den oft mißverstandenen Satz vom *Primat der Didaktik* entscheidend modifiziert. Er spricht „vom Primat der Zielentscheidungen im Verhältnis sowohl zur Dimension der inhaltlichen als auch der methodischen Entscheidungen" (Klafki, 1977, S. 28). Der Gedanke besagt nichts anderes, als daß man das Ziel kennen muß, um über mögliche Wege entscheiden zu können (a. a. O., S. 17) und daß man über Inhalte bzw. Themen des Unterrichts und über geeignete Methoden nur diskutieren kann, wenn didaktische Vorentscheidungen über die Ziele gefallen sind.

Primat der Didaktik

Wenn Umwelt als Inhalt oder Unterrichtsthema nicht weiter hinterfragt wird – scheinbar legitimiert es sich für viele umweltengagierte Pädagogen als Thema von selbst – verengt sich die Diskussion sogleich auf die wichtige Frage „Wie sag' ich's meinem Kinde?", also auf die methodischen Aspekte. In diesem Aufsatz versuche ich, unter Rückgriff auf Wolfgang Klafkis *kritisch-konstruktive Didaktik* (Klafki, 1985) und die didaktisch-methodische Diskussion in der Berufsbildung seit dem Paradigmenwechsel, didaktische und methodische Anforderungen an ein Lernkonzept für berufliche Umweltbildung darzulegen. Damit greife ich auf ein umfassendes Konzept von Entscheidungen, Entscheidungsbegründungen und Entscheidungsprozessen über Ziele, Inhalte, Methoden und Medien des Lernens innerhalb von reflektierten Rahmenbedingungen zurück. Dieser Bezug enthält bereits die Überwindung von einseitig materialen oder formalen, objekt- oder subjektbezogenen Bildungstheorien und beinhaltet auch als realistisches Prüfkriterium die empirische Erforschung der tatsächlich ablaufenden Lehr- und Lernprozesse und ihrer Wirkungen. Mit dem Bezug auf die *Schlüsselqualifikationsdebatte* und den *Paradigmenwechsel* schließe ich an tragfähige Konzepte beruflicher Bildung an, weil ich davon ausgehe, daß nicht für jedes von der Gesellschaft an die Pädagogik „überwiesene" Problem eine vollständig neue und eigenständige Pädagogik geschaffen werden muß. Sonst kommt es leicht dazu, daß Friedens-, Umwelt-, Konfliktpädagogik und andere neue Bindestrich-Pädagogiken meinen, das didaktisch-methodische Rad neu erfinden zu müssen, während

kritisch-konstruktive Didaktik

Schlüsselqualifikationsdebatte

Paradigmenwechsel

sie doch tatsächlich innerhalb eines gewordenen und immer wieder weiterzuentwickelnden Netzes pädagogischer Bemühungen stehen, zu denen sie nicht etwas grundsätzlich Verschiedenes, sondern etwas zu Integrierendes und etwas „auch zu Bedenkendes" darstellen.

Paradigmenwechsel in der beruflichen Bildung und neue Konzepte

Die Besinnung auf lernaktivierende Methoden in der Berufsbildung ist keine ausschließliche Sache der beruflichen Umweltbildung, sondern durchzieht seit dem *„Paradigmenwechsel" in der Berufsbildung* ab den siebziger Jahren alle ihre Bereiche.

Paradigmenwechsel in der Berufsbildung

Ursachen des Paradigmenwechsels

Unter den vielen *Ursachen des Paradigmenwechsels* seien hier vor allem der gesellschaftliche Wandel und die soziologischen und psychologischen Veränderungen bei den Ausbildungsabsolventen seit den fünfziger Jahren, die technologischen Innovationen, die ökologischen Herausforderungen aktueller Entwicklungen in der Arbeitsorganisation herausgehoben, aber auch die um sich greifende Einsicht, daß alle Prognosen über einen spezifizierten Qualifikationsbedarf des Beschäftigungssystems sich als mehr oder weniger unzutreffend erweisen könnten. Mit der wissenschaftlichen Diskussion der „Schlüsselqualifikationen" wurde dieser Paradigmenwechsel in der beruflichen Bildung „auf den Punkt" gebracht.

allgemeine berufliche Handlungsfähigkeit

Danach sollte es zunächst nicht mehr nur um berufliche Qualifikationen im engeren Sinn gehen, sondern auch um die Herstellung einer *allgemeinen beruflichen Handlungsfähigkeit* in einer sich wandelnden Arbeitswelt. Bestand in der traditionellen Berufsbildung eine Vorstellung von den Anforderungen der Technik und der Arbeitswelt, an die es die Lehrlinge anzupassen galt, so traten nun zunehmend subjektorientierte Konzepte in den Vordergrund, wobei die Entfaltung und Förderung individueller Fähigkeitspotentiale im Vordergrund stand.

Bei aller berechtigten Kritik am schillernden Begriff der Schlüsselqualifikationen liegt der Verdienst der Debatte darin, die Augen der Berufspädagogen stärker auf die Vermittlung von Kompetenzen gerichtet zu haben, die neben der **Fachkompetenz** von Bedeutung sind. Die meisten Autoren nennen hierbei:

- **Sozialkompetenz** (z. B. Arbeiten im Team/Teamfähigkeit),
- **Humankompetenz** (Persönlichkeitsentwicklung, Zielstrebigkeit etc.),
- **Methodenkompetenz** (z. B. Problemlösestrategien entwickeln etc.).

Natürlich wurde rasch deutlich, daß es einen Lehrgang „Flexibilität" nicht geben kann, daß Teamfähigkeit oder Selbständigkeit nicht wie die Grundlagen der Metallbearbeitung vermittelbar sind. Daher wurde als didaktisches Umsetzungskonzept im Zusammenhang mit dem Paradigmenwechsel immer häufiger das *Konzept der Handlungsorientierung* diskutiert. In der Quintessenz zielt Handlungsorientierung auf eine konstruktive, die Interdependenz von Denken und Handeln aufnehmende Lernprozeßgestaltung mit einer zentralen Aufwertung ganzheitlicher-fächerübergreifender, aktiv-entdeckender und durch die Lernenden selbstorganisierter und kooperativer Lernformen (Pätzold, 1992, S. 9).

Konzept der Handlungsorientierung

Handlungsorientierung bezweckt letztlich den Erwerb einer umfassenden, die Entwicklung des Subjektes einschließenden beruflichen Handlungskompetenz. Lernpsychologische Deutungen beruflicher Handlungskompetenz basieren zwar auf unterschiedlichen Handlungstheorien, führen aber zu ähnlichen Konsequenzen, nämlich zu einem unauflösbaren Zusammenhang von Handeln und Lernen.

ganzheitliche Berufsbildung

Bernd Ott (1995) hat mit seinem Konzept einer *„ganzheitlichen Berufsbildung"* diese verschiedenen Theoriemomente und Diskussionsbezüge in der beruflichen Bildung gebündelt. Für Ott ist die ganzheitliche Berufsbildung verbunden mit der Zielsetzung einer beruflichen Handlungskompetenz, die nicht allein von den Anforderungen der Objektseite her definiert wird, sondern mindestens ebensostark von der subjektiven Möglichkeit der Persönlichkeitsentwicklung. Die Entwicklung einer solchermaßen subjektorientierten beruflichen Handlungskompetenz soll über ein ganzheitliches Lernen bewirkt werden, welches die Komponenten des inhaltlich-fachlichen Lernens, des methodisch-operativen Lernens und des affektiv-ethischen Lernens umfaßt. Mit der Formel „Wissen + Können + Wollen" verdichtet Ott sein Konzept ganzheitlichen Lernens und gibt in Anlehnung an Aeblis „Säulen autonomen Lernens" diesem eine mehrdimensionale Struktur:

- das inhaltlich-fachliche Lernen, welches in die Fachkompetenz mündet,
- das affektiv-ethische Lernen, welches eine Individualkompetenz generiert,
- das methodisch-problemlösende Lernen, welches eine Methodenkompetenz begründet,
- das sozial-kommunikative Lernen mit der Zielsetzung der Sozialkompetenz.

Wandel des Technikverständnisses

In einer technik-didaktischen Deutung ganzheitlicher Berufsbildung – Technik steht dabei für die Fachtechnologie des Berufsfeldes – befaßt sich Ott mit der Technikentwicklung, der Technikgestaltung und der Technikdidaktik. Er arbeitet den *Wandel des Technikverständnisses* heraus, wonach Technik heute zunehmend in der Ausdifferenzierung ihrer historischen, gesellschaftlichen, sozialen und ökologischen Bezüge gesehen werden muß. Unter Rückgriff auf eine Technikdidaktik unter Einbezug ihrer naturalen, humanen und sozialen Dimension entwickelt er Perspektiven einer erweiterten Techniklehre, in der neben der technologischen Perspektive auch ökologische und ökonomische, politisch-soziale und geistig-normative Perspektiven bedeutsam sind. Diese Perspektiven sollen sich vor dem Hintergrund einer Zielsetzung entfalten, die die Befähigung zur Mitbestimmung, Mitgestaltung und Mitverantwortung umfaßt. Plädiert wird für eine Erziehung zur Verantwortung, die nicht nur handlungs- und erfahrungsorientiert angelegt sein soll, sondern auch authentisch, das heißt vor allem, glaubwürdig sein muß (Ott, 1995, S. 110).

Bernd Otts Deutungsanalyse ganzheitlicher Berufsbildung macht deutlich, welche Theoriemomente aus der berufspädagogischen, der lernpsychologischen und der technik-didaktischen Diskussion sich für eine Begründung von Konzepten beruflicher Umweltbildung nutzen lassen. Gleichwohl bleibt offen, wie es zu einer bildungstheoretischen Begründung für konkrete Themen und Lerninhalte in der beruflichen Umweltbildung kommen kann.

Krisen der Fachbildung

Rolf Arnold (1996) zieht aus den durch die Schlüsselqualifikationsdebatte deutlich gewordenen *„Krisen der Fachbildung"* folgende Konsequenzen: Fachbildung ist durch das Obsoleszenzproblem, womit der „rasante" Aktualitätsverlust des Wissens gemeint ist, in die Krise geraten. Diese verschärft sich noch durch das hinzukommende Prognoseproblem, womit die nicht mögliche auf zukünftige Zustände zielende Abstimmung zwischen Bildungs- und Beschäftigungssystemen gemeint ist. Die beiden sich überlagernden Probleme führen nach Ansicht Arnolds zu einer Ablösung „vertrauter Planungsgrundlagen" der beruflichen Bildung, nämlich der „Vorbereitung durch Vermittlung von Fachwissen" durch „weitreichende Transferannahmen" (vgl. Arnold, 1996, S. 11 sowie seine Ausführungen in diesem Reader).[1]

evolutionäre Didaktik

Konzept einer „Bildenden Qualifizierung"

Arnold versucht, mit dem Konstrukt einer *evolutionären Didaktik* Wege für eine zukunftsorientierte berufliche Bildung aufzuzeigen. Er entwickelt das *Konzept einer „Bildenden Qualifizierung",* mit der er Lernprozesse bezeichnet, „in denen ein Individuum die Voraussetzung dafür erwirbt, sich selbsttätig, selbst organisiert sowie mit kritischem Urteil und gestaltend zu verhalten und dann mit den erforderlichen Handlungs- und Lernanforderungen auseinandersetzen zu können, wenn es sich mit diesen konfrontiert sieht." (a. a. O., S. 12). Das „Lernen auf Vorrat", welches in der schulischen Berufsbildung (wie auch der Allgemeinbildung) dominierte, wird weitgehend abgelöst durch (antizipierte) Handlungssituationen, in denen für den Handlungsvollzug gelernt wird. Arnold bündelt seine Überlegungen zur „bildenden Qualifizierung" in der Frage, welche qualifikatorische Valenz (Wertigkeit) die einzelnen Methoden haben und ob sie geeignet sind, Fachwissen und Fachkönnen (Fachkompetenz) zu vermitteln bzw. ob ihnen auch eine Bedeutung hinsichtlich der Förderung der Lern- und Arbeitstechniken zukommt. Die traditionellen Methoden des vermittelnden Lehrens haben für ihn zwar eine gewisse Bedeutung in der qualifikatorischen Dimension ‚Fachkompetenz', ihre Wirksamkeit hinsichtlich der Förde-

1) Zwei Extremmodelle solcher Transferannahmen durchziehen seit langem auch die Diskussion in der Allgemeinbildung. Die materiale Bildungskonzeption (z. B. des Neuhumanismus), die in der lernobjektorientierten Vermittlung zweckfreier Bildungsgüter die Chancen zur Persönlichkeitsbildung sah, und die der eher subjektorientierten formalen Bildung, nach der nicht erworbene Inhalte, sondern der Erwerb instrumenteller Fähigkeiten wie das Lernen des Lernens und von Methoden die eigentliche Bildung der Persönlichkeit ausmachten (vgl. Jank, W; Meyer, H., 1991, S. 146 ff.). Wolfgang Klafki hat mit seiner Theorie der „Kategorialen Bildung" bereits früh einen Weg gezeigt, mit dem Momente materialer und formaler Bildungstheorie dialektisch zu verschränken wären. Hierauf wird noch zurückzukommen sein.

rung von Methoden- und Sozialkompetenz schätzt er als äußerst gering ein. Selbst ihre Wirksamkeit in der Vermittlung von Fachkompetenz ist kritisch zu hinterfragen, weil nur ein Bruchteil dessen, was der Lehrende anspricht, auch vom Lernenden tatsächlich angeeignet wird. Den Methoden des stärker handlungsorientierten Lehrens mißt er auch bei der Vermittlung von Fachkompetenz mehr Bedeutung zu als den Methoden des vermittelnden Lehrens: „Für die Methoden eines handlungsorientierten Lernens ist eine qualifikatorische Polyvalenz charakteristisch: Fachwissen und Fachkönnen werden durch sie in einer Art und Weise erarbeitet, bei der der Lernende gleichzeitig auch seine methodischen und sozialen Kompetenzen entwickeln kann." (a. a. O., S. 13).

Methodenvalenzproblem

Als Gefahr der Methodendiskussion im Gefolge der Schlüsselqualifikationsdebatte konstatiert Arnold ein *Methodenvalenzproblem,* womit er die Gefahr bezeichnet, die Transferpotentiale des methodischen Aspekts, nämlich der strukturellen Entsprechung zwischen Erschließungs- und Arbeitsmethoden, zu überdehnen. Daher kommt er auf zwei weitere Problembereiche im Zusammenhang mit den Schlüsselqualifikationen: Die *Kognitionsprobleme* und das *Problem der Didaktisierung.* Das Kognitionsproblem ist gekennzeichnet mit der Frage: „Wie wird Wissen vom Individuum erworben, kognitiv repräsentiert, verändert und angewendet?" (a. a. O., S. 13). Er möchte die Entweder-Oder-Diskussion zwischen Schlüsselqualifikation und Fachwissen dahingehend auflösen, daß er Schlüsselqualifikation als Metawissen für den Umgang mit Fachwissen kennzeichnet.

Kognitionsprobleme

Problem der Didaktisierung

Konzept der evolutionären Didaktik

Mit seinem *Konzept der evolutionären Didaktik* versucht er, sowohl einer objektbezogenen und inhaltsgravierenden Didaktik der beruflichen Bildung (die ja zum beschriebenen Inhaltsvalenzproblem führt) als auch einer mediatisierenden formalen Didaktik, die das Methodenvalenzproblem enthält, zu entgehen. Ein auf die Vermittlung von Fachwissen im Kontext einer breiten außerfachlichen Qualifikation gerichtetes berufliches Lernen bedarf des Wissens- und Berufsbezugs sowie des Handlungs- und Subjektbezugs im gleichen Maße.

Arnold verdeutlicht sein Konzept der Erweiterung der fachdidaktischen Perspektive durch vier aufeinander folgende Stufen, die ich für eine ‚evolutionäre Didaktik' beruflicher Umweltbildung in

A. Das fachlich Notwendige **Motto:** Nicht alles, was zur Umweltbildung gehört, muß gelehrt und gelernt werden.	**1. Didaktische Analyse** Welche „Inhalte", „Bereiche", „Methoden" sind es wert, gelernt zu werden? z. B. - Stoffe **Umwelt-** - Verfahren **PLA** **relevante** - Situationen **Öko-** - Produkte **bilanz** - Dienstleistungen	**2. Didaktische Reduktion** „Was kann (muß) weggelassen werden, um die ‚Faßlichkeit' zu erhöhen? z. B. einfach ▶ Produkt-Kreislaufbetrachtung statt „Ökobilanz" ▶ Rollenspiel statt Expertenrating ▶ Adressatenbezug: Orientierung an den Lern- und Erfahrungsmöglichkeiten
B. Das außerfachlich Notwendige **Motto:** Das Entwickeln der umweltbezogenen beruflichen Handlungsfähigkeit vollzieht sich durch die Entwicklung von Erschließungs- und Anwendungsmustern für alltägliche und berufliche Handlungssituationen	**4. Didaktisches Arrangement** Welche Vorkehrungen müssen getroffen werden, damit Selbsterschließung gelingt? z. B. ▶ Projekte ▶ Kampagnen/Aktionen ▶ Kundenaufträge ▶ Erkundungen ▶ Rollen-, Planspiele ▶ Zukunftswerkstatt ▶ Juniorenfirma	**3. Didaktische Komplexion** In welche lebensweltlichen berufspraxis- und handlungsbezogene Problemstellungen ist das fachlich Notwendige „einbettbar"? z. B. (Kaufmännischer Bereich) ▶ Einkauf ▶ Materialwirtschaft ▶ Verkauf ▶ Kundenberatung ▶ Konfliktsituationen in Werkstatt und Büro

Abbildung 1: Grundzüge einer Didaktik beruflicher Umweltbildung (in Anlehnung an Arnold, 1996)

einem Schaubild *(Abbildung 1)* abgewandelt und exemplarisch zusammengefaßt habe.

Die fachlichen und außerfachlichen Notwendigkeiten bestimmen sich vor dem Hintergrund intentionaler Zielsetzungen und durchlaufen die vier didaktischen Stufen. Für die Stufe der „didaktischen Reduktion", die angesichts der Diskrepanz zwischen der Komplexität beruflicher Umweltbildung und der oft begrenzten Lern- und Erfahrungsmöglichkeiten der Auszubildenden besonders wichtig ist, haben Fahle und Lambrecht (1995) am Beispiel eines Umweltprojektes im Benachteiligtenprogramm wichtige Realisierungshinweise gegeben. Die in dieser Veranstaltung anvisierten „lernaktivierenden Verfahren" berühren dann vor allem erst die vierte Stufe des didaktischen Arrangements und dürfen daher nicht als „Selbstläufer" eine Art „Eigenleben" gewinnen.

Die methodisch-didaktisch geprägte Diskussion innerhalb der beruflichen Umweltbildung ist nicht allein vor dem Hintergrund der Vermittlungsproblematik dieser besonderen Teildisziplin zu erklären. Die exemplarischen Auszüge aus der aktuellen Berufsbildungsdiskussion von Bernd Ott und Rolf Arnold machen dies deutlich. Vielmehr stellen methodisch-didaktisch geprägte Diskussionen innerhalb der beruflichen Bildung seit dem Paradigmenwechsel einen durchgängigen Trend dar, der auf folgendes hinzuweisen scheint: Krisenzeiten eines Gesellschafts- oder Bildungssystems und entsprechender Subsysteme, wie das der beruflichen Bildung, lassen sich immer an vermehrten kritischen Fragen nach der Sinnhaftigkeit von etablierten Qualifikationsprozessen, Curricula und Vermittlungsformen erkennen.

Die berufliche Umweltbildung steht also innerhalb eines Paradigmenwechsels der gesamten beruflichen Bildung (erkennbar an der Diskussion um Schlüsselqualifikationen, um Gestaltungsfähigkeit als pädagogisches Prinzip und um Handlungsorientierung in der Berufsbildung). Hinter deren didaktisch-methodisches Reflexionsniveau darf sie nicht zurückfallen. Natürlich sind die neuen Inhalte und Denkweisen in der beruflichen Umweltbildung auch ein originärer Ausdruck einer immer weniger zu verdrängenden ökologischen Krise unseres Industrie- und Gesellschaftssystems, dem Ulrich Beck den Namen „Risikogesellschaft" verliehen hat. Für die Versuche, eine berufliche Umweltbildung in der *Risikogesellschaft* zu entwickeln, sind neue Zielsetzungen und damit einhergehende Zielkonflikte und die eingangs beschriebene Sensibilität für Methoden unabdingbar.

Risikogesellschaft

Zur Reflexion von Zielen, Inhalten und Themen beruflicher Umweltbildung vor dem Hintergrund der kritisch-konstruktiven Didaktik

Berufliche Umweltbildung enthält als Begriff bereits „Umwelt" als globalen auszudifferenzierenden Sachgegenstand des Unter-

berufs-bezogene Umwelt-kompetenz

richts und in dem Teil „Bildung" auch das Prozeßhafte eines subjektorientierten komplexen Lern- und Aneignungsprozesses. Als oberstes Ziel beruflicher Umweltbildung wird meist eine *berufsbezogene Umweltkompetenz* (Pätzold, Drees, 1994, S. 251) oder eine die Umweltbelange miteinbeziehende vollständige berufliche Handlungskompetenz (vgl. Hahne, 1994, S. 87 ff) gesehen. Diese scheinbare Klarheit von Ziel und Inhalt darf aber nicht den Blick auf eine differenziertere Betrachtung der damit zusammenhängenden Problematiken verstellen. Schon der Begriff der ökologisch fundierten beruflichen Handlungskompetenz verweist auf eine grundsätzliche Frage: Bezieht sich die Kompetenz auf die fachliche und ökologiegerechte Durchführung von Aufgaben, deren Zweck und Vernunftbestimmung allenfalls innerhalb einer gesetzten Beruflichkeit erfolgt oder wird darüber hinausgegangen und kritisch das Gesamtverhältnis von gesellschaftlich definierten Bedürfnissen und der Naturbelastung durch Bedürfniserfüllung mit einbezogen?

Konzept individueller Handlungs-fähigkeit

Bernhard Buck und Ingeborg Weilnböck-Buck kritisieren die mit der Handlungskompetenz einhergehende „anzustrebende Position eines Berufsinhabers" (Buck u. a. 1993, S. 279 ff). Gegenüber einer beruflichen Handlungskompetenz, die noch „primär ein lineares und statisches Denken und Handeln im Hinblick auf ein vorgegebenes Ziel bevorzugt" (a. a. O., S. 281), entwickeln sie ein *Konzept individueller Handlungsfähigkeit,* welches in den Dimensionen Kontextualität, Situativität und ethische Ausrichtung die produktions- und verfahrensorientierten Handlungsfähigkeiten im Sinne der Kompetenzmodelle zu Modellen ausweitet, die sich an den Potentialen der Individuen orientieren. Für Buck/Weilnböck-Buck kann „das Thema Ökologisierung nicht einfach auf der Basis geltender Handlungsorientierung ausgebreitet werden", weil „es vielmehr gegenwärtige Handlungsentwürfe irritiert und die Frage nach der Ethik des Handelns stellt." (a. a. O., S. 290).

Der Frage, ob es nun um die Entwicklung einer umweltgerechten Ethik gehen müßte, die Grundlage künftiger, nicht nur beruflicher, sondern ganzheitlicher Handlungsorientierungen werden könnte, will ich in diesem Zusammenhang nicht nachgehen. Zum Teil sehe ich diese Aspeke in dem umfassenden Bildungsbegriff der kritisch-konstruktiven Didaktik bereits angelegt. In seinen Überlegungen zu den „Konturen eines neuen Allgemeinbildungskonzeptes" stellt Wolfgang Klafki die Umweltfrage als eines von 18 *„Schlüsselproblemen"* bereits explizit heraus (Klafki, 1985, S. 21 ff), in welche die Lernenden „im Sinne exemplarischen, gründlichen und verstehenden bzw. entdeckenden Lernens" eingedrungen sein sollten. In der bildenden Auseinandersetzung mit den Schlüsselproblemen sollen sich Grundfähigkeiten entwickeln, von denen Klafki drei voneinander abhängige besonders hervorhebt (1985, S. 23):

Schlüsselprobleme

- Kritikfähigkeit (einschl. der Fähigkeit zur Selbstkritik),
- Argumentationsfähigkeit,
- Empathie (im Sinne der Fähigkeit, eine Situation oder ein Problem aus der Lage der jeweils anderen Betroffenen sehen zu können).

In seiner kritisch-konstruktiven Didaktik hält Klafki an einem Bildungsbegriff fest, in dem „die Zentralidee der Aufklärung aufgehoben ist", die Kant als „Ausgang des Menschen aus seiner selbstverschuldeten Unmündigkeit" bezeichnet hat. Vor dem Hintergrund der Entwicklung der Bildungsdiskussion gibt Klafki als zentrale Zielsetzungen die Befähigung zur Selbstbestimmung, Mitbestimmung und zur Solidarität an (Klafki, 1985, S. 45). Im Konzept der *„kategorialen Bildung"* entwickelt Klafki ein offenzuhaltendes Vermittlungsverhältnis zwischen Subjekt und Objekt, wonach sich geschichtliche Wirklichkeit für den sich bildenden Menschen erschließt, „zugänglich, verstehbar, kritisierbar, veränderbar wird und gleichzeitig das Subjekt sich für die geschichtliche Wirklichkeit aufschließt, also Verständnis-, Handlungs-, Verantwortungsmöglichkeiten in sich entfaltet" (Klafki, 1985, S. 44). Das kritische Moment, das die Orientierung am Ziel der Befähigung der Lernenden zu wachsender Selbstbestimmungs-, Mitbestimmungs- und Solidaritätsfähigkeit impliziert, ist meines Erachtens für eine ernstzunehmende berufliche Umweltbildung unverzichtbar. Natürlich geht auch die kritisch-konstruktive Didaktik davon aus, daß die Wirklichkeit der Bildungsinstitutionen und mancher gesellschaftlicher Organisationen und, wie wir hinzufügen können, vor allen Dingen der beruflichen und betrieblichen Lernorte dieser Zielsetzung vielfach nicht entspricht bzw. ihr oft entgegensteht, was auf das notwendige politische und nicht nur pädagogische Programm weiterer Demokratisierung verweist. Dieser Problemaspekt macht die notwendige Einbeziehung von nicht institutionalisier-

kategoriale Bildung

ten Sozialisations- und Lernprozessen (wie sie z. B. in Bürgerinitiativen vorzufinden sind) deutlich. Mit der Bestimmung der Didaktik als „konstruktiv" wird bei Klafki auf den durchgängigen Praxisbezug, auf das Handlungs-, Gestaltungs- und Veränderungsinteresse hingewiesen.

Die Zielbestimmung beruflicher Umweltbildung darf nicht hinter die Ansprüche der kritisch-konstruktiven Didaktik zurückfallen. Ohne die Entwicklung der Fähigkeiten zur Selbstbestimmung, Mitbestimmung und zur Solidarität werden im engeren Sinne umweltbezogene Intentionen kaum verwirklicht werden und sich kaum als realisierte Veränderungspotentiale auswirken können.

Die kritisch-konstruktive Didaktik in Klafkis Verständnis bezieht sich auf Entscheidungen, Entscheidungsbegründungen und Entscheidungsprozesse über allgemeine und besondere Ziele des Lehrens und Lernens sowie über die an diesen Zielen orientierte Auswahl der Inhalte bzw. der Unterrichtsthemen, die sich über ihren Bildungsgehalt erschließen lassen, die Methoden als Unterrichtsverfahren und die Medien, die die zielorientierte Thematik perspektivisch repräsentieren. Die kritisch-konstruktive Didaktik nimmt Bezug auf die Kontroll- und Beurteilungsmaßnahmen, die das Lehren und Lernen beeinflussen sowie als empirische Wissenschaft auf Klärungen der jeweils im pädagogischen Feld tatsächlich ablaufenden Prozesse und Handlungen von Lehrenden und Lernenden. Dabei werden sowohl die explizit gesetzten oder vereinbarten Ziele, Methoden und Medien in bezug auf die damit bewirkten Prozesse als auch die inoffiziellen Prozesse, die gleichsam verborgen im Sinne des „heimlichen Lehrplans" als nicht intendierte Lernprozesse im Unterrichtsfeld ablaufen, betrachtet. Diese ganzen Überlegungen vollziehen sich innerhalb einer Reflexion der Rahmenbedingungen, wobei die Didaktik auf Sozialisations- und Institutionsforschung angewiesen ist.

Für eine noch zu entwickelnde Didaktik der beruflichen Umweltbildung ist als qualitatives Ergebnis eines Bezuges auf die kritisch-konstruktive Didaktik Klafkis noch einmal hervorzuheben:

- das Interesse an der Emanzipation und Aufklärung,
- das Konzept der kategorialen Bildung mit ihrer Lern-Subjekt/Lern-Objekt-Dialektik,

- die Entwicklung eines differenzierten Verhältnisses von Intentionen/Zielen zu Themen, Inhalten, Methoden und Medien,
- der Bezug auf die tatsächlich ablaufenden offiziellen und heimlichen Lernprozesse im Verhältnis zu den intendierten Lernprozessen,
- die kritische Beachtung des institutionellen und gesellschaftlichen Umfeldes einschließlich der Sozialisationsbedingungen.

Für eine Beschäftigung mit den Inhalten beruflicher Umweltbildung ist die von Klafki vorgenommene Unterscheidung zwischen Inhalten oder Gegenständen und den Themen des Unterrichts hilfreich. Mit *Inhalten* bzw. Gegenständen bezeichnet Klafki Sachverhalte, „die noch nicht im Sinne pädagogischer Zielvorstellungen ausgewertet und präzisiert worden sind, die sich also in einem Prüfstadium befinden unter dem Gesichtspunkt, ob ihnen pädagogische Bedeutung zugesprochen werden kann". Erst wenn ein Inhalt unter einer pädagogischen Zielvorstellung für die Behandlung im Unterricht ausgewählt worden ist, wird er zum „Thema" (Klafki, 1985, S. 66 f; Klafki, 1977, S. 22). Klafki zielt mit dieser Unterscheidung auf eine generelle *Konstitutionsbedingung von Unterrichtsthemen,* „den Tatbestand nämlich, daß Inhalte (Gegenstände) überhaupt erst dadurch zu Unterrichtsthemen – die geisteswissenschaftliche Didaktik sagte „Bildungsinhalte" – werden, daß sie unter bestimmten Fragestellungen zu denjenigen, denen diese Inhalte im Unterricht zugänglich werden sollen, (also den lernenden Subjekten K. H.) in eine Beziehung gesetzt werden." (Klafki, 1977, S. 23).

Inhalte

Konstitutionsbedingungen von Unterrichtsthemen

Dieses ‚in Beziehung setzen' war die Aufgabe der ‚klassischen *didaktischen Analyse'*. Deren Fragestellungen hat Klafki zu einem offenen Planungskonzept weiterentwickelt (Klafki, 1985, S. 194 ff):

didaktische Analyse

- Auf den Begründungszusammenhang einer Thematik verweisen die Fragen nach ihrer gegenwärtigen und zukünftigen Bedeutung für die Lernenden sowie nach ihrer exemplarischen Bedeutung vor dem Hintergrund der Bildungsziele. (a. a. O., S. 213 f).
- Die Frage nach der thematischen Strukturierung soll die Sachstruktur, die Teillernziele und die sozialen Lernziele innerhalb der Lernsequenz klären.
- Die Frage nach der Zugänglichkeit (z. B. durch Erkundungen, technologische Experimente) bzw. der Darstellbarkeit der The-

matik durch Medien beinhaltet die Art der Präsentation der Thematik und ist eng verbunden mit

- o der Frage nach der methodischen Strukturierung, die die Gestaltung der Lehr-Lernprozeßstruktur (einschl. der Interaktionsstruktur und der sozialen Lernprozesse) beinhaltet.
- o Die Frage der Erweisbarkeit und Überprüfbarkeit bezieht sich analytisch auf alle anderen Fragen des Planungskonzeptes und empirisch als rückbezügliche Prüfung auf die Umsetzung der Planung in reale Lernprozesse.

Für Inhalte des Bereiches Umwelt oder Ökologie heißt das, daß auch diese erst „im Licht bestimmter auf den Lerner bezogener Zielsetzungen zum Unterrichtsthema" werden können (Klafki, 1974, S. 24) und dabei den Fragen einer didaktischen Analyse zu unterziehen sind. Der Inhalt Umwelt wird also zum Unterrichtsthema auch innerhalb der beruflichen Umweltbildung erst vor dem Hintergrund einer intentionalen Reflexion dessen, was mit ökologisch fundierter beruflicher Handlungsfähigkeit jeweils gemeint werden kann, und einer erweiterten didaktischen Analyse einzelner Lerninhalte bzw. Themen.

Folgerungen für die allgemeine und berufliche Umweltbildung

Christoph Nitschke hat in seiner theoretischen Grundlegung der beruflichen Bildung (Nitschke, 1991) drei Lerninhalte oder auch Bildungsdimensionen für die berufliche Umweltbildung herausgestellt:

- o Sachverstand und ökologische Allgemeinbildung,
- o sinnliche Erfahrung und Gestaltungsfähigkeit,
- o berufliche Verantwortung für die Umwelt.

„dreidimensionales Umweltbildungskonzept"

allgemeinbildende „Umweltbildung in der Risikogesellschaft"

Dieses *„dreidimensionale Umweltbildungskonzept"* enthält zwar im Kern die berufliche Verantwortung für die Umwelt, es sieht sie aber in den handelnden Subjekten sowie in deren ökologische Allgemeinbildung und der sinnlichen Erfahrung und Gestaltungsfähigkeit eingebunden. Die Konturen einer *allgemein-bildenden „Umweltbildung in der Risikogesellschaft"* skizziert Fritz Heidorn, der an die kritisch-konstruktive Didaktik von Klafki anknüpft (Heidorn, 1993). „Umwelterziehung und Umweltbildung müssen von einer Umkehrung fachdidaktischer Vorstellungen über Lernen, wie sie den naturwissenschaftlichen Fachunterricht bestimmen, ausgehen. Selbstbestimmtes Lernen mit Qualifizierungsanspruch für die Belange der Risikogesellschaft findet nicht statt, wenn der Unterrichtsstoff vorgegeben und feststehend ist, wenn die Schüler auf die Fragen des Lehrers nur „richtige" Antworten geben dürfen, wenn die behandelten Themen immer widerspruchsfrei und normiert sind, wenn das eigene Denken, Fühlen und Handeln nicht zugelassen ist. Lernprozesse werden vielmehr in Gang gesetzt, wenn Interessen angesprochen werden, wenn Ungereimtheiten und Widersprüche auftauchen, wenn unterschiedliche Meinungen auf dem Tisch liegen und man nicht gleich entscheiden kann, welche „richtig" ist, kurz, wenn die Lernenden sich auf eigene Entdeckungs- und Handlungsprozesse einlassen müssen und dies auch wollen." (Heidorn, 1993, S. 172 ff).

Im einzelnen differenziert Heidorn folgende Kriterien:

Offenheit

- Offenheit des Unterrichts bezüglich der Interessen und Aktivitäten der Schüler.
  „Offenheit des Unterrichts" bedeutet, daß die Lernenden an der Themenwahl, der Planung und Durchführung des Lernprozesses maßgeblich beteiligt sind. Eine herrschaftsfreie Kommunikation zwischen Lehrenden und Lernenden ist die Basis für eine motivierende Projektdurchführung.

Lebens-realität

- Lernen in der Lebensrealität.
  „Lernen in der Lebensrealität" bezieht sich sowohl auf das Aufsuchen außerschulischer Lernorte wie Umweltzentren, Industriebetriebe, Behörden, Bürgerinitiativen usw. als auch auf die Zulassung von Kultur und Gesellschaft im Schulleben und die Rückholung der Natur auf das Schulgelände.

Wissen-schafts orientierung

- Wisssenschaftsorientierung des Unterrichts.
  Mit „Wisssenschaftsorientierung" ist eine Methode zum Verstehen komplexer Zusammenhänge gemeint, mit der sich Laien lebensweltliche Problemfelder erschließen können. Fachkenntnisse und Vernetzung der Zusammenhänge tragen zum Verstehen der „Schlüsselprobleme" bei.

Lernen an Widersprüchen

- Lernen an Widersprüchen.
  Als „Lernen an Widersprüchen" bezeichnet Heidorn den Ausgang des Lernprozesses von individuell als Ungereimtheit, Rätsel oder Phänomenen erfahrenen Problemen, die einer Aufklärung bedürfen sowie von gesellschaftlichen Kontroversen, die Transparenz und Stellungnahme verlangen.

fruchtbares Lernen

o Fruchtbare Lernprozesse.

Fritz Heidorn versteht in Anlehnung an Hahne (1984) unter „fruchtbaren Lernprozessen" ich-stärkende und identitätsbildende Lern- und Erfahrungsformen in sozialen Gruppen und zugänglichen Handlungsfeldern, wobei es zu einer „Verschmelzung subjektiv bedeutsamer Tatsachen mit dem Verstehen gesellschaftlicher Probleme der Risikogesellschaft in Prozessen aktiver Aneignung" kommt.

sinnstiftende Ordnungen

o Erarbeiten sinnstiftender Ordnungen.

Fritz Heidorn versteht hierunter „die Erschließungsmächtigkeit eines individuell oder gesellschaftlich bedeutsamen Problems, das in einem Lernprozeß zum Verstehen oder Handeln führt".

o Prinzip des gezielten Ebenenwechsels.

„Das Prinzip des gezielten Ebenenwechsels wird verstanden als ein Versuch, vernetzte gesellschaftliche Strukturen durch wechselnde Heranziehung unterschiedlicher, für die Gesamtschau bedeutsamer Teilaspekte verstehbar zu machen".

„Betroffenheits-Didaktik"

o Die Welt mit anderen Augen sehen.

Fritz Heidorn bezieht sich hier auf die *„Betroffenheits-Didaktik"*, die im Zusammenhang mit Umweltkatastrophen diskutiert wird. In Anlehnung an Hellweger (1987) unterscheidet er drei unterschiedliche Arten der Betroffenheit; das Staunen als Anfang jeder Philosophie, das Konfrontiertwerden mit einem persönlichen Problem und die akute Existenzbedrohung, wobei subjektive Gefühle wie Aussichtslosigkeit und Verzweiflung vorherrschen. In Anlehnung an den psychologischen Hintergrund, den Hellweger für die Betroffenheits-Dikatik beschrieben hat, skizziert Heidorn, daß das persönliche Weltbild erschüttert wird, „wenn die individuellen Selektionsmechanismen nicht mehr ausreichen". Dabei ist es ziemlich schwer, das persönliche Weltbild zu erschüttern. „Hellweger benutzt zur Erklärung ein Bild von einer halbdurchlässigen Membrane, die uns sozusagen wie eine Trennwand oder ein Schutzschild umgibt und nur passende Informationen durchläßt. Will man nun das Weltbild ändern, so müssen entweder die Informationen an die Poren des Membranes so angepaßt werden, daß sie passieren können oder die Membrane selbst muß geändert werden. Den ersten Weg geht die klassische Fachdidaktik, indem sie immer wieder aufs Neue versucht, Informationen aktuell aufzubereiten (...). Die Änderungen der Membranen dagegen ist der Versuch, ‚Die Welt mit anderen Augen zu sehen', indem man in eine neue Rolle schlüpft. Die Verunsicherung, die kognitive Dissonanz bei den Teilnehmern eines Rollenspiels, die beispielsweise einen Standpunkt glaubhaft vertreten sollen, der ausdrücklich gegen ihre wirkliche Meinung gerichtet ist, führt bei vielen Rollenspielern zum Nachdenken über die eigene und die kontroverse Position und kann durchaus Einstellungsänderungen zur Folge haben (...). Die Welt mit anderen Augen sehen ist eine Methode, mit der die gesellschaftliche Realität in Rollenspielen, Planspielen oder Fallstudien simuliert werden kann und zum besseren Verstehen konträrer Positionen führt." (Heidorn, 1993, S.177).

die Welt mit anderen Augen sehen

Es soll deutlich werden, daß mit dem Bereich Sachverstand und ökologische Allgemeinbildung in Anlehnung an Christoph Nitschke von vornherein nicht die fachsystematische Aufbereitung von Umweltaspekten unter den Gesichtspunkten Reinhaltung von Luft, Wasser und Boden oder ähnlichen fachsystematischen Gliederungen gemeint sein kann. Bei Heidorns Konzept der Umweltbildung in der Risikogesellschaft müßte im einzelnen geprüft werden, was von seinen Überlegungen zu *fruchtbaren Lernprozessen in der Umweltbildung* und den dafür als besonders geeignet eingeschätzten Lernformen der Projekte und Kampagnen sich auf die berufliche Umweltbildung übertragen läßt. Die Besinnung auf die Qualität von Lernprozessen, die Heidorn vornimmt, halte ich in jedem Fall auch für die Gestaltung von Lernprozessen in der beruflichen Bildung für außerordentlich wichtig.

fruchtbare Lernprozesse in der Umweltbildung

Christoph Nitschke stellt den Kritikern seines dreidimensionalen Ansatzes die Frage, „welchen realen Stellenwert der Beruf als Erfahrungsquelle und Identitätsstifter in den konkret vorfindlichen Berufen hat" (Nitschke, 1993, S. 89). Es wird jeweils von den Berufen, den Perspektiven, die sie bieten, und den darin arbeitenden und lernenden Subjekten und ihren Werthaltungen abhängen, inwieweit der Berufsfokus trägt. Ich stimme Nitschke zu, daß es vor dem Hintergrund ganzheitlicher Ansätze wenig Sinn macht, ‚Beruf' und ‚Lebenswelt' gegeneinander auszuspielen. Nitschke versucht, erste Umrisse einer *ökologischen Handlungstheorie* der Berufsbildung zu entwickeln. Dazu hält er eine grundsätzliche Inhaltsbestimmung beruflicher Umweltbildung für nötig, „die sich hauptsächlich an den situativen Bedingungen für eine umweltgerechte Berufspraxis orientiert" (a. a. O., S. 93).

ökologische Handlungstheorie der Berufsbildung

Er will Umweltbelastungen und Entlastungen auf das konkrete Handeln von Akteuren, von Individuen, Gruppen, Organisationen und Betrieben zurückführen. Er unterscheidet dann subjektive und objektive Handlungspotentiale in gegebenen beruflichen Handlungskontexten. Als grundsätzlich unterscheidbare ökologische Handlungsmuster identifiziert Christoph Nitschke das indirekte Handeln mit der Schaffung von Voraussetzungen von Umweltentlastungen und Umweltbelastungen, das direkte Handeln als unmittelbares Erzeugen von Wirkungen und das direkte Handeln, welches unmittelbare Naturbearbeitung darstellt (a. a. O., S. 95 f).

In Anlehnung an Nitschkes Differenzierung versuche ich am Beispiel des Sanitär-, Heizungs- und Klimahandwerks (SHK) die objektiv feststellbaren Umweltbezüge des Berufsfeldes und die subjektiven Aspekte umweltgerechten beruflichen Handelns gegenüberzustellen (Hahne, 1994, S. 89 ff):

Objektive Aspekte

Umweltbezüge des Berufsfeldes:

Sparsamer Umgang mit Trinkwasser
Energiedienstleistungen – Raumwärme/Warmwasser als Emissionsquelle

Stoffstrang (z. B. Produktlinienanalyse)

Verfahrensstrang (z. B. Ökobilanzierung)

Situationsstrang (z. B. Energie- und Wassersparberatung)

Produkte oder Dienstleistungen (umweltentlastenden Anteil deutlich machen)

Objektive Spielräume für ökologische Handlungsalternativen müssen identifiziert und ausgestaltet werden

durch erkennende und handelnde Subjekte mit Fähigkeiten, Kenntnissen, Motivationen und Werthaltungen.

Subjektive Aspekte

Fähigkeiten Fertigkeiten Kenntnisse	als	personelle fachliche soziale	**Kompetenzen**	müssen in geeigneten umweltbezogenen Lernprozessen entwickelt werden.
Hinzu kommen müssen:		Motivation Gestaltungsfähigkeit ethische & moralische Werte		

Abbildung 2: Umweltbezogene Handlungspotentiale in den versorgungstechnischen Berufen

objektive Umweltbezüge

Die *objektiven Umweltbezüge* der versorgungstechnischen Handwerksberufe liegen in der Bereitstellung der „Energiedienstleistungen" Raumwärme und Warmwasser sowie von Hygiene und Komfort. Dabei kommt es darauf an, die begrenzten Energieressourcen sowie die Ressource Trinkwasser möglichst umweltgerecht und rationell zu nutzen und die Atmosphäre mit möglichst wenig Emissionen zu belasten. In dieser Betrachtung habe ich die Produkte oder die Dienstleistungen des SHK-Handwerks als Zielsetzung unter Umweltgesichtspunkten auf einen Nenner gebracht. Das berufliche Alltagshandeln kann mit einer Umweltbetrachtung seiner Stoffstränge und seiner Arbeitsverfahren weiter aufgeschlüsselt werden: Die *Stoffstranganalyse* des beruflichen Handelns betrachtet alle Werk- und Hilfsstoffe des Berufshandelns unter ökologischen Aspekten, wobei sich als wesentliche Instrumentarien der Analyse die Produktkreislaufbetrachtung (vgl. Nitschke, 1993b) bzw. die Produktlinienanalyse (vgl. Kutt, K./Yilar, F., [Hrsg.], 1993) herausgestellt haben.

Stoffstranganalyse

Produktkreislaufbetrachtung

Bei der *Produktkreislaufbetrachtung* handelt es sich um ein für didaktische Zwecke vereinfachtes offenes Bewertungsverfahren für Dienstleistungen und Produkte, bei dem ökologische, ökonomische und gesellschaftliche Aspekte gleichermaßen berücksichtigt werden (vgl. Nitschke, 1993b). Die Produktkreislaufbetrachtung fußt dabei auf vier Leitideen:

1) Die Vertikalbetrachtung, die den Lebenszyklus eines Produktes von der Gewinnung der erforderlichen Rohstoffe über deren Transport und die Produktionsstufen bis hin zum Gebrauch und zur Entsorgung verfolgt.
2) Die Horizontalbetrachtung, die das Produkt in den Dimensionen Natur, Gesellschaft, Wirtschaft und technische Funktion bewertet.
3) Die Bedürfnisorientierung hat die Leitfrage, welchen Wert das Produkt oder die Dienstleistung für die Erfüllung von Bedürfnissen hat, wobei die Konsumbedürfnisse selbstkritisch zu hinterfragen sind.
4) Der Variantenvergleich schließlich kann eine ökologische und sozialverträgliche Alternative aufzeigen, indem verschiedene technische und soziale Produkte, die imstande, sind ein Bedürfnis zu erfüllen, umfassend miteinander verglichen werden.

Verfahrens-strang

Im *Verfahrensstrang* geht es um die vergleichende ökologische Bewertung unterschiedlicher Arbeitsverfahren und Techniken, z. B. durch einen Vergleich materialabhängiger Rohrverbindungstechniken wie Löten, Schweißen, Kleben und Preßfitting für unterschiedliche Einsatzbereiche im SHK-Bereich. Im didaktisch günstigsten Falle läßt sich bei technischer Eignung von zwei Verbindungsverfahren das für die Umwelt und für die Gesundheit günstigere Verfahren identifizieren.

Situations-strang

Vom Stoff- und Verfahrensstrang ist der *Situationsstrang* zu unterscheiden, in dem es um das Identifizieren derjenigen beruflichen Handlungssituationen geht, in denen umweltbewußtes Handeln von einem beruflich-technischen Handeln unterschieden werden kann. Im Handwerk ist die zentrale Situation in einer umfassenden und die ökologischen Aspekte einbeziehenden Beratung des Kunden zu sehen.

Aber nicht nur die Kundenberatung, auch die Durchführung eines Kundenauftrags enthält immer wieder umweltrelevante Situationen: Umgang mit dem ausgebauten Altmaterial, Identifizierung von Asbest oder anderen gefahrstoffhaltigen Materialien bei auszubauenden Rohrleitungen, fachgerechte und systemgerechte Einsteuerung der Anlagen, sorgfältige Wärmeisolation der Vor- und Rückkreisläufe einer Heizungsanlage etc. mögen das verdeutlichen. Selbst die Übergabe einer Heizungsanlage an den Kunden mit Hinweisen zu ihrer umweltgerechten Nutzung und einem der Technik entsprechenden Verbraucherverhalten stellt einen umweltrelevanten Entscheidungsspielraum dar, der „so oder so" genutzt werden kann.

Die hier am Beispiel des SHK-Handwerks aufgeführten objektiven Bezüge lassen sich ähnlich auch für alle anderen Berufsgruppen ausführen, wobei davon auszugehen ist, „daß es keinen Beruf ohne unmittelbare oder mittelbare Bezüge zum Umweltschutz gibt. Anders ausgedrückt heißt das, daß nahezu jede Berufsausübung ein Potential für die Schädigung der Umwelt in sich birgt." (Schmidt, in Nitschke, 1991).

Umwelt-bezüge

Im Sinne einer didaktischen Analyse lassen sich meines Erachtens alle Produkte oder Dienstleistungen beruflichen Handelns in ähnlicher Form auf ihre objektiven *Umweltbezüge* prüfen. Dabei sind:

- im Stoffstrang die Werk- und Hilfsstoffe, aber auch die Produkte der beruflichen Arbeit mit der Produktkreislaufbetrachtung zu untersuchen,
- im Verfahrensstrang die Arbeitsverfahren unter dem Aspekt eines integrierten Umwelt-, Gesundheits- und Arbeitsschutzes zu betrachten und
- im Situationsstrang alle betrieblichen kommunikativen oder anders gearteten Situationen zu erkunden bzw. zu simulieren, in denen umweltgerecht gehandelt werden könnte, z. B. bei der Materialbestellung, in der Kundenberatung etc.

zentrale These

Meine *zentrale These* lautet, daß sich durch eine Analyse der objektiven Umweltbezüge von Berufen Spielräume für ökologische Handlungsalternativen ermitteln lassen, für deren Identifizierung und Ausgestaltung jedoch ebenfalls die subjektiven Fähigkeiten entwickelt werden müssen. Gestaltbar und identifizierbar im Sinne einer Handlungskompetenz der Aus- und Fortzubildenden werden die objektiv möglichen Handlungsspielräume erst dann, wenn sie gleichzeitig auf subjektive Voraussetzungen zum Erkennen und Gestalten dieser Spielräume unter ökologischen Gesichtspunkten – auch gegen herrschende und andere betriebliche Werte – treffen. In diesem Zusammenhang ist die Ausbildung von Individualkompetenz, Methodenkompetenz und Sozialkompetenz sowie die Entwicklung von ökologischem Verantwortungsbewußtsein (das betrifft vor allem die Entwicklung der Moralvorstellung – vgl. dazu exemplarisch Hoff, 1995) neben der Fachkompetenz im Sinne der ganzheitlichen Berufsbildung von besonderer Bedeutung.

Spielräume für umweltgerechtes berufliches Handeln werden nur dann erkannt und umweltgerecht ausgestaltet, wenn sie auf subjektive Voraussetzungen treffen, die sich als dauernde psychische Disposition zum Eingreifen und Verändern ausdrücken können. Dazu müssen die beruflichen Handlungssituationen, in denen umweltgerechtes berufliches Handeln möglich werden kann, genauer betrachtet werden.

normale zukünftige Handlungssituationen für Industriekaufleute

Im Bereich des kaufmännischen Handelns kennzeichnet Michael Brater schon *normale zukünftige Handlungssituationen für Industriekaufleute* durch offene Spannungen, Ambivalenzen, ungelöste Widersprüche, Konflikte, Entscheidungen und die Notwendigkeiten von komplexen Balanceleistungen. In jedem Fall verweist die Kennzeichnung der Situationen durch Konflikte und Interessenkollisionen auf einen Zustand, der sich noch verstärken dürfte, wenn es um das Einbringen von umweltspezifischen Gesichtspunkten gegenüber etwa vorherrschenden Rationalisierungs- oder Ökonomiegesichtspunkten geht. Für Brater (1993, S. 145 ff) besteht daher Handlungsfähigkeit nicht mehr in der „Beherrschung professioneller Regeln", sondern es geht darum, Handlungen hervorzubringen, sie zu „erfinden", Lösungen herzustellen. Entsprechend definiert Brater Schlüsselqualifikationen als ein Bündel ich-stärkender Maßnahmen mit den Komponenten intensives Wissen, instrumentelle Fähigkeiten und innerseelische Kräfte. Das Fachwissen, das in ihnen zum Tragen kommen kann, muß ich-stärkende Wirkung haben, also bereits handlungs- und motivationsbezogen didaktisch aufbereitet sein (a. a. O., S. 148).

Zum Verhältnis von Didaktik und Methodik

Verhältnis von Didaktik und Methodik

Nach den, zugegebenermaßen, noch fragmentarischen Ausführungen zu didaktischen und thematischen Aspekten beruflicher Umweltbildung können nun die Methoden beruflicher Umweltbildung genauer in ihrem Wechselverhältnis zu den Intentionen bestimmt werden. Das *Verhältnis von Didaktik und Methodik* steht im Zentrum von Klafkis kritisch-konstruktiver Didaktik (Klafki, 1977, 1985).

Grundsätzlich sind Methoden zu reflektieren auf ihre

- Zieladäquatheit,
- Themenadäquatheit,
- Adäquatheit bezüglich der individuellen oder gruppenspezifischen bzw. sozialpsychologischen Lernvoraussetzungen der Lerngruppe.

Im weiteren ist bei dem Verhältnis zu berücksichtigen, daß sehr oft nicht ein Inhalt, sondern eine Methode zum Unterrichtsthema wird. Dieses ist z. B. bei der Befähigung zur Gewässeruntersuchung nach chemischen, physikalischen oder biologischen Bestimmungskategorien der Fall. Wird eine Methode derart zum Unterrichtsthema, so bestimmt sie auch weitgehend den methodischen Verlauf des Unterrichts (z. B. in der Form des ‚entdeckenden Lernens').

Die Methode muß sich zur Erschließung des Themas besonders eignen. Sie soll dabei möglichst auch die im thematischen Objekt geronnene Methode freilegen: Hiermit ist gemeint, daß der vermittelte Inhalt meist eine methodische Dimension hat. So sind naturwissenschaftliche, geschichtliche und soziale Inhalte des Unterrichts oft Ergebnisse von wissenschaftlichen Forschungen mit eigenen, sich ändernden Forschungsmethoden gewesen. Statt die Inhalte nun ‚postfestum' als feststehende Ergebnisse zu vermitteln, ist es im Sinne forschenden und entdeckenden Lernens meist sinnvoll, sie genetisch-historisch als Unterrichtsthema im Prozeß der sie generierenden Fragestellungen und Methoden, die ja zu ihrer Feststellung geführt haben, aufzubereiten. Ein Beispiel aus dem Umweltbereich dafür ist der Wettbewerb „Umwelt hat Geschichte", bei dem in einem Schülerwettbewerb „Deutsche Geschichte um den Preis des Bundespräsidenten" die historische Genese von konkreten, lokalen Umweltproblemen an vielen konkreten Beispielen handlungsorientiert erarbeitet worden ist (Körber-Stiftung, 1988). Als Quintessenz dieses methodisch-didaktischen Verhältnisses kann die Eigenschaft der Methode bezeichnet werden, die methodische Struktur von Inhalten zugänglich zu machen. Methoden stiften und bezeichnen Beziehungen zwischen Lehrprozessen und damit zu ermöglichenden Lernprozessen. Methoden kennzeichnen auch die Strukturierung sozialer Beziehungen unter den Lernenden und zwischen den Lehrenden und Lernenden (z. B. Rollenspiele, Gruppenarbeiten etc.). Die einzelnen methodischen Maßnahmen sind immer wieder auf den Hintergrund übergreifender Beziehungen und Interaktionsstrukturen von Lehrenden und Lernenden hin zu reflektieren (vgl. Klafki, 1977). Auf ein weiteres wichtiges Moment im Verhältnis von Didaktik und Methodik hat W. Döring (1973, S. 317) hingewiesen, der die Methodik als Prüfkriterium für die Realisierbarkeit didaktischer Entscheidungen betrachtet.

Qualitative Anforderungen an Lernkonzepte für die berufliche Umweltbildung

Mit den bisherigen Ausführungen habe ich zu verdeutlichen versucht, daß auch in der beruflichen Umweltbildung die Frage nach der Methode nur im Zusammenhang mit Fragen nach Zielsetzungen und Handlungssituationen zu stellen ist, wobei noch weitgehend Desiderate bezüglich einer Didaktik beruflicher

Umweltbildung offen sind. Die kurzen Hinweise zum komplexen Verhältnis von Didaktik und Methodik bedürften weiterführender Reflexionen in bezug auf das Besondere beruflicher Umweltbildung.

Abschließend werde ich die Suche nach qualitativen Anforderungen an Lernkonzepte für die berufliche Umweltbildung unter Rückgriff auf eine Untersuchung von Nitschke u. a. (1995) kurz ansprechen. Nitschke und andere haben versucht, eine empirische qualitative Untersuchung und Analyse der Qualität beruflicher Umweltbildung in verschiedenen Institutionen durchzuführen:

drei Elemente eines Qualitätsverständnisses

Dafür entwickeln sie drei *Elemente eines Qualitätsverständnisses:*

1. Die Leitbildqualität mit der Leitfrage „Was soll mit der Umweltbildung erreicht werden?"
2. Die konzeptionell praktische Qualität mit der Leitfrage „Wie gut wird die Umweltbildung angelegt und umgesetzt?"
3. Die Wirkungsqualität: „Was hat die Umweltbildung bewirkt?" (Nitschke u. a., 1995, S. 6)

Leitbildqualität

konzeptionelle praktische Qualität

Die *Leitbildqualität* soll durch eine Orientierung mit klaren und offensiven Leitbildern erreicht werden. In bezug auf die von mir angestrengten didaktischen Überlegungen könnte die Leitbildqualität auf der Ebene der Intentionalität der beruflichen Bildung anzusiedeln sein. Am wichtigsten sind die Kriterien, die zur *konzeptionellen praktischen Qualität* gewonnen werden: Zum einen gehört zur konzeptionellen Qualität, daß das Auseinanderfallen von Theorie und Praxis vermieden wird. Zum zweiten enthält die konzeptionelle Qualität auch die Bestandteile der substantiellen und sozialen Qualität, wobei mit der substantiellen Qualität der zeitliche Umfang, die Inhalte und die Lernmethoden sowie die didaktische Durchdringung der Umweltbildung gemeint sind, während mit der sozialen Qualität die Wertschätzung zwischen Lehrenden und Lernenden angesprochen wird. (Nitschke u. a., 1995, S. 6, 11). Nitschke und andere haben einen Katalog von Qualitätskriterien entwickelt, die ich *zwei Qualitätsbereichen* zuordne:

zwei Qualitätsbereiche

1. Konzeptionelle Qualität

○ Orientierung durch klare und offensive Leitbilder,

- gründliche Auseinandersetzung mit den Umweltschutzbezügen des Berufes,
- Verbindung von Integration und Sonderformen,
- „Die richtigen Inhalte",
- Einsatz vielfältiger Methoden,
- bewußte Beachtung der sozialen Qualität,
- Schaffen „beeindruckender" und nachhaltiger Erfahrungen,
- Erkunden von konkreten Problemsituationen und Handlungsmöglichkeiten vor Ort.

2. Wirkungsqualität

Hierauf beziehen sich folgende Qualitätskriterien:
- Tatsächliches Handeln als Bestandteil der Wirkungsqualität,
- Rückkoppelung für das eigene Handeln (z. B. Erfolgsrückmeldungen),
- öffentliche Anerkennung (vgl. die Kriterien von Nitschke und anderen, 1995, S. IV).

Beiden Bereichen sind die Qualitätskriterien zuzuordnen:
- Aktionen über den eigenen unmittelbaren Handlungsspielraum hinaus,
- das Erzeugen von Verbindlichkeit durch Prüfungen.

Daß die institutionellen, organisatorischen und personellen Voraussetzungen, z. B. durch Lernorte, Betriebsgröße, haupt- oder nebenamtliche Ausbilder, Zeitdauer und Intensität, einen entscheidenden qualitätsbestimmenden Rahmen für die berufliche Umweltbildung darstellen, haben Nitschke u. a. (1995, S. 12 ff) ausführlich dargestellt.

Kern-aussage

Vor dem Hintergrund meiner Fragestellung, die sich stärker auf die didaktisch-methodischen Anforderungen an Lernkonzepte konzentriert, läßt sich meine *Kernaussage* wie folgt zusammenfassen: Die Anforderungen an die didaktisch-methodische Qualität beruflicher Umweltbildung sind vor dem Hintergrund der entsprechenden Qualität der Berufsbildung zu betrachten. Innerhalb eines umfassenden Qualitätskonzeptes der beruflichen Bildung können dann die Praxisbeispiele beruflicher Umweltbildung die Praxisbeispiele „normaler" Berufsbildung übertreffen oder ihnen entsprechen. Wenn Umweltbildung als einfacher Lehrgang der normalen Berufsbildung einfach additiv „draufgesattelt" wird, wird sie hinter diese zurückfallen.

Literatur

Arnold, R. (1996): Die Krisen der Fachbildung. In: BWP 25/1996/1, S. 9-15.
Biehler-Baudisch, H.; Hahne, K. (1993): Medien mit grünem Punkt? – Merkmale von Medien zur beruflichen Umweltbildung. In: BWP 22/1993/6, S. 28 ff.
Brater, M. (1993): Analyse neuerer Lernkonzepte und Methoden in der kaufmännischen Berufsausbildung der Industrie. In: Buck, B. u. a. (Hrsg.) (1993): a. a. O.
Buck, B. u. a. (Hrsg.) (1993): Zur Ausbildung von Industriekaufleuten – Bedingungen und Möglichkeiten von Erfahrungslernen und Praxisverständnis. Berlin/Bonn.
Döring, W. (1993): Lehr- und Lernmittel: Medien des Unterrichts. 3. erw. Auflage. Weinheim/Basel.
Fahle, G.; Lambrecht, W. (1995): Umweltbildung in der Ausbildungsvorbereitung anhand eines Beispiels. In: BMBF (Hrsg.): Umweltbildung benachteiligter Jugendlicher. Bonn. S.15-39.
Hahne, K. (1984): Fruchtbare Lernprozesse in Naturwissenschaft, Technik und Gesellschaft. Reihe Soznat. Mythos Wissenschaft. Bd. 8. Marburg.
Hahne, K. (1994): Die Bedeutung der Lernorte für die Berufliche Umweltbildung in der Versorgungstechnik. In: Srowig/Hahne/Hoppe (Hrsg.) (1994): Umweltbildung in der Versorgungstechnik. Berlin/Bonn. S. 87-107.
Heidorn, F. (1993): Umweltbildung in der Risikogesellschaft. Universität Oldenburg.
Hellweger, S. (1987): Betroffenheit – Zur Genese eines inflationär benutzten Begriffs. In: Westermann's Pädagogische Beiträge. 39. Jg., H. 3, 1987, S. 22 ff.
Hoff, E. H. (1995): Zur Entwicklung von ökologischem Verantwortungsbewußtsein. Psychologische Grundlagen für die berufliche Umweltbildung. In: Fischer, A. (Hrsg.) (1995): Substainibility – Ethos. Hattingen.
Jank, W.; Meyer, H. (1991): Didaktische Modelle. Frankfurt/Main.
Klafki, W. (1977): Zum Verhältnis von Didaktik und Methodik. In: Klafki/Otto/Schulz: Didaktik und Praxis. Weinheim/Basel.
Klafki, W. (1985): Neue Studien zur Bildungstheorie und Didaktik. Weinh./Basel.
Körber-Stiftung (Hrsg.) (1988): Spurensuche – Umwelt hat Geschichte. Hamburg.
Kutt, K.; Yilar, F. (Hrsg.) (1994): Produktlinienanalyse als didaktisches Instrument in der Berufsausbildung. Reihe Umweltschutz in der beruflichen Bildung. Informationen und Materialien aus Modellversuchen, H. 13. BIBB. Berlin.
Nitschke, Chr. (1991): Berufliche Umweltbildung – Umweltgerechte Berufspraxis, Grundlagen für eine theoretische Konzeption. BIBB. Berlin/Bonn.
Nitschke, Chr. (1993): Grundsatzfragen beruflicher Umweltbildung – (K)eine Debatte in Sicht? In: Erziehung oder Aufklärung. Hattinger Materialien zur beruflichen Umweltbildung 7, IZBU Sonderheft 3. Hattingen. S. 81-116.
Nitschke, Chr. (1993b): Produktkreislaufbetrachtung als allgemeines didaktisches Prinzip einer integrativen technischen Bildung. In: lernen & lehren – Elektrotechnik/Metalltechnik, 8. Jg., 1993, H. 30/31, S. 25 ff.
Nitschke u. a. (1995): Berufliche Umweltbildung – Wo steckst Du? Überblicke, Einblicke und Ausblicke auf Grundlage einer Untersuchung in 28 Institutionen. Bielefeld.
Ott, B. (1995): Ganzheitliche Berufsbildung. Stuttgart.
Pätzold, G. (Hrsg.) (1992): Handlungsorientierung in der beruflichen Bildung. Frankfurt/Main.
Pätzold, G.; Drees, G. (1994): Umweltbildung und die immanente Dialektik institutionalisierten Lehrens und Lernens. In: Fischer, A.; Hartmann, G. (Hrsg.) (1994): In Bewegung. Dimensionen der Veränderung von Aus- und Weiterbildung. Bielefeld.

Kerstin Pichel

Das Planspiel als Lernmethode für ökologisch verantwortungsbewußtes Handeln

„Was Sie erwartet"

Ich stelle Ihnen ein Planspiel zum Betrieblichen Umweltmanagement vor, das seit zwei Jahren im Rahmen des Studienreformprojekts „Ökologische Aspekte der Betriebswirtschaftslehre" (ÖBWL) an der Technischen Universität Berlin (TU Berlin) durchgeführt wird. Es geht mir dabei nicht um eine theoretische Diskussion von Planspielen[1], vielmehr wird unser Konzept vorgestellt, und die Ziele des realisierten, rollengestützten ÖBWL-Planspiels werden erörtert. Abschließend werde ich die Erfahrungen, die Teilnehmerinnen[2] und Betreuerinnen des ÖBWL-Planspiels gemacht haben, wiedergeben und über den Erfolg dieser Lehrveranstaltung einige reflektive Gedanken äußern. Wichtig ist es mir, nachvollziehbar zu machen, wie das Planspiel abläuft und welche Anforderungen es an die Betreuenden stellt. Ebenso soll deutlich werden, welche Qualifikationen die Teilnehmerinnen durch das Planspiel erwerben und inwiefern diese lernaktive Methode in den „normalen" Lehralltag integriert werden kann.

„Wie Studierende ein Unternehmen ökologisch verändern"

Konzept und Ablauf des Planspiels

Für das ÖBWL-Planspiel zum Betrieblichen Umweltmanagement finden sich in der Regel für *ein Semester 20 bis 25 Studierende* zusammen. Da diese Lehrveranstaltung für das Grundstudium am Fachbereich *Wirtschaft und Management* der TU Berlin ausgeschrieben ist, besteht die Gruppe zumeist aus Studierenden der Betriebs- und Volkswirtschaftslehre sowie des Wirtschaftsingenieurwesens aus dem Grundstudium. Vermehrt frequentieren aber auch Studierende aus anderen Fachberei-

20 bis 25 Studierende

Wirtschaft und Management

---

1) Vgl. dazu Keim, 1992

2) Für den Fall, daß es eine männliche und eine weibliche Sprachform gibt, wird im folgenden Text zugunsten einer guten Lesbarkeit nur die weibliche Form verwendet. Inhaltlich ist die männliche Form eingeschlossen.

chen und höheren Semestern die Veranstaltung, beispielsweise Umwelt- und Verfahrenstechnikerinnen.

Die Fachdisziplin der Teilnehmerinnen spielt für das Planspiel keine Rolle, denn ab dem ersten Seminar-Termin stehen sich die Studierenden nicht mehr als zukünftige Diplomandinnen oder Ingenieurinnen gegenüber, sondern als „gestandene" Mitarbeiterinnen einer *fiktiven Druckerei.* Sie übernehmen für das gesamte Semester eine von ihnen gestaltete Rolle: Sie nehmen in dem fiktiven Unternehmen eine Beschäftigungsposition wahr. Sie können zum Beispiel in der Produktion arbeiten oder etwa in der Abteilung Beschaffung.

fiktive Druckerei

Bei dem fiktiven Unternehmen handelt es sich um eine mittelständische Druckerei mit Sitz in Berlin-Wedding, die „Dampff Druck GmbH". Als Betreuerinnen haben wir nach rund einmonatiger Recherche bei realen Druckereien Vorgaben für die „Dampff Druck GmbH" gemacht, die die Rahmenbedingungen für die Aktivitäten der Spielerinnen darstellen. Diese Vorgaben verfeinern sich mit zunehmenden Erfahrungen von Semester zu Semester.

Einige grundlegende Unternehmenscharakteristika bleiben allerdings immer gleich: Die „Dampff Druck GmbH" hat insgesamt um einhundert Mitarbeiterinnen, von denen die Planspielteilnehmerinnen die leitenden Positionen besetzen. Sie teilen sich, soweit es geht nach eigenen Wünschen, den folgenden *Abteilungen* zu: Organisation, Finanzen, Produktion, Beschaffung und Marketing. Die „Dampff Druck GmbH" ist hierarchisch organisiert (vgl. Abb. 1) und hat seit kurzer Zeit zwei neue Geschäftsführer: die Gebrüder Hans und Diether Dampff. Sie kommen frisch von der Universität und haben das Unternehmen gekauft. Aufgrund aktueller Lehrmeinungen und Marktanalysen sind sie auf die Idee gekommen, ökologische Aspekte in ihr neues Unternehmen zu integrieren. Da in Deutschland seit April 1995 die EG-Öko-Audit-Verordnung[3] in Kraft getreten ist, beabsichtigen sie, die zukünftigen *Umweltschutzaktivitäten* in ihrem Unternehmen so zu konzipieren und umzusetzen, daß das Unternehmen gemäß der *EG-Öko-Audit-Verordnung* zertifiziert

grundlegende Unternehmenscharakteristika

Abteilungen

Umweltschutzaktivitäten

EG-Öko-Audit-Verordnung

3) Für nähere Informationen zur EG-Öko-Audit Verordnung vgl. Peglau/Weiler 1995

werden kann. Die Veränderungen im Unternehmen, die aufgrund dieses ökologischen Engagements erforderlich sind, sollen weder durch eine externe Beraterin initiiert werden, noch soll die Verantwortung bei einer einzigen darauf spezialisierten Mitarbeiterin konzentriert werden. Die Idee ist, den *Umweltschutz integrativ in der „Dampff Druck GmbH" zu organisieren.*[4] Deswegen fordern sie in der ersten Betriebsversammlung alle Mitarbeiterinnen auf, im Laufe der kommenden vier Monate Beiträge ihrer Abteilung für eine Vorbereitung der „Dampff Druck GmbH" auf eine Teilnahme am EG-Öko-Audit zu erarbeiten. Mit dieser (fiktiven) Aufforderung ist gleichzeitig die *Seminaraufgabe* für die Planspielteilnehmerinnen formuliert: Es geht also darum, bis zum Ende des Semesters die „eigene" Abteilung hinsichtlich der Anforderungen der EG-Öko-Audit-Verordnung zu analysieren, Veränderungen zu planen und unter Umständen zu realisieren.

Umweltschutz integrativ organisieren

Seminaraufgabe

Für dieses *Projekt „Audit-Vorbereitungen"* gilt es, die verschiedenen Abteilungen miteinander zu vernetzen, um Informationen auszutauschen und die Veränderungsschritte zu koordinieren. Außerdem müssen gemeinsame Strategiesitzungen organisiert werden, und die Rahmenbedingungen des Projektes (z. B. Zeit, Anspruchsgruppen) müssen im Auge behalten werden. Für diese *abteilungsübergreifenden Aufgaben* wird ein *Audit-Projekt-Team* gebildet. Diese Gruppe setzt sich aus jeweils einer Mitarbeiterin der verschiedenen Abteilungen zusammen. Ihre Hauptaufgabe besteht im Projektmanagement[5] der Audit-Vorbereitungen. Sie bringen das Fachwissen aus ihrer Abteilung in das Audit-Projekt-Team ein und sind nicht hauptsächlich in die inhaltliche Arbeit ihrer Abteilungsgruppe eingebunden.

Projekt „Audit-Vorbereitungen"

abteilungsübergreifende Aufgaben

Audit-Projekt-Team

Am Ende des Projektes soll ein *schlüssiges Konzept* stehen, wie die „Dampff Druck GmbH" sich auf eine Teilnahme am EG-Öko-Audit vorbereiten kann – gleichzeitig sollen erste Schritte zur Umsetzung vorgestellt werden. Dieses Konzept soll von den teilnehmenden Studierenden schriftlich fixiert werden und wissenschaftlichen Ansprüchen genügen. Zusätzlich geben die Gebrüder Dampff das Ziel vor, daß das Unternehmen auf der Druckereimesse „Printe" mit den Vorbereitungen zur Teilnahme

schlüssiges Konzept

---

4) Zur Organisation des betrieblichen Umweltschutzes vgl. Antes 1994
5) Zum Projektmanagement vgl. Reinhold 1995

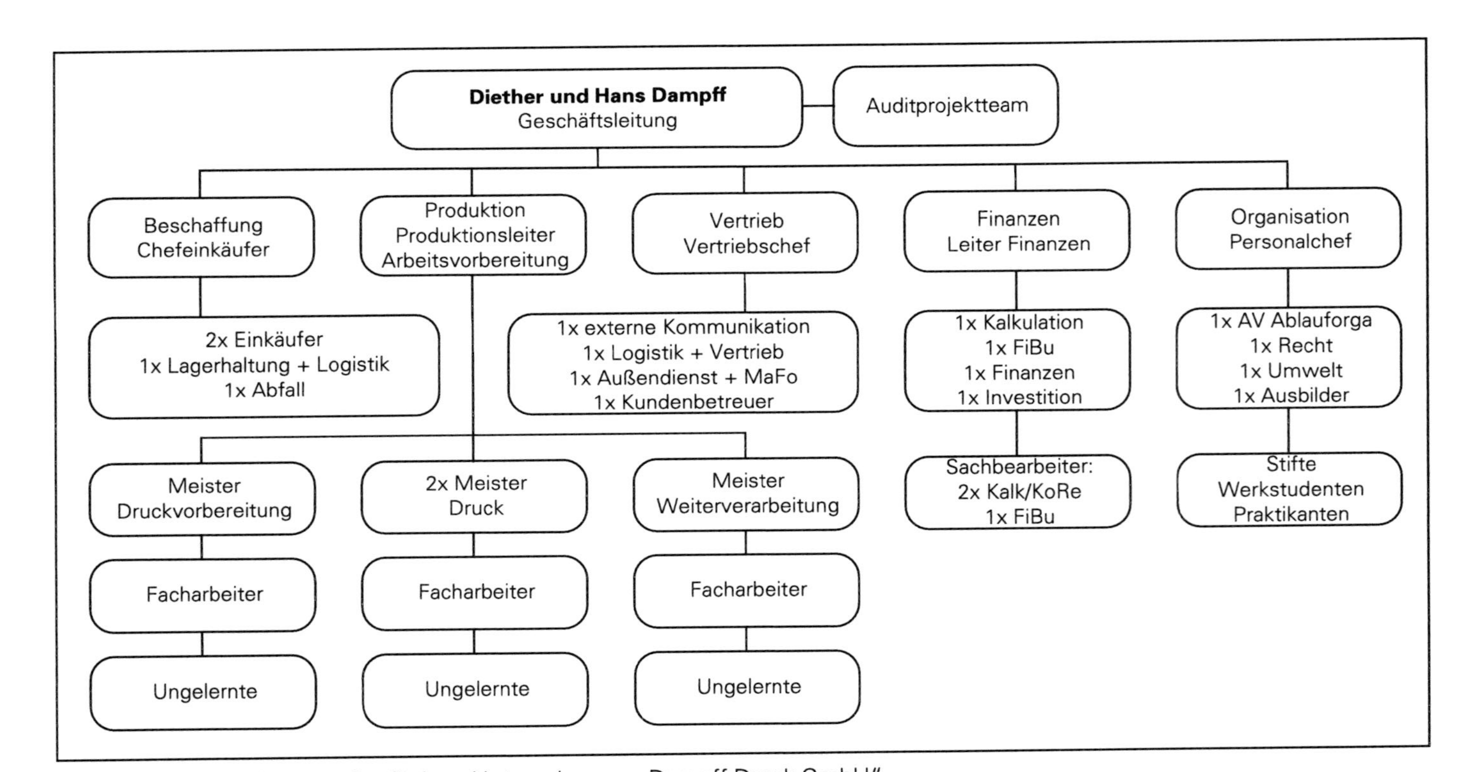

Abbildung 1: Organigramm des fiktiven Unternehmens „Dampff Druck GmbH"

am EG-Öko-Audit präsentiert wird. Die Planspielerinnen stellen somit ihre Ergebnisse zum einen in schriftlicher Form als *wissenschaftlichen Abschlußbericht* und zum anderen mündlich in der *Abschlußpräsentation* auf der fiktiven Messe Printe dar.

wissenschaftlicher Abschlußbericht

Abschlußpräsentation

Der beschriebene Aufbau des Planspiels ist in der Abbildung 2 noch einmal grafisch dargestellt:

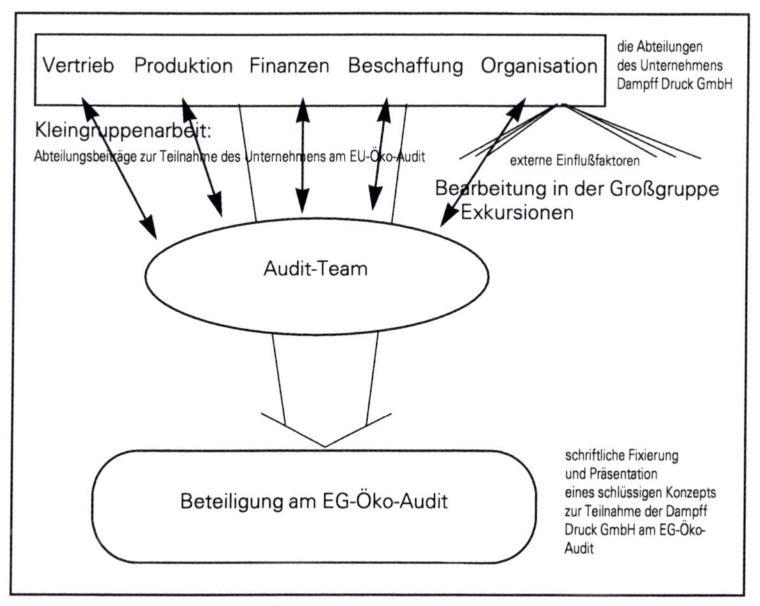

Abbildung 2: Aufbau des ÖBWL-Planspiels

Zur Bearbeitung der Seminaraufgabe bekommen die Planspielerinnen zu Anfang des Semesters zunächst einige *Informationen* von uns Betreuenden. Dabei handelt es sich zum einen um Informationen zum Unternehmen und zu den einzelnen Abteilungen[6]. Zum anderen bieten wir gerade am Beginn *Hilfestellung* bei der Erarbeitung fachlichen Wissens – durch den Hinweis auf Literaturquellen zu entsprechenden Funktionsbereichen und ökologischen Ansätzen – und außerfachlicher Qualifikationen wie der Moderation einer Gruppendiskussion, der Präsentation von Arbeitsergebnissen oder dem Projektmanagement. Die ersten vier bis fünf Sitzungen können also als *Anleitungs- und*

Informationen

Hilfestellung

Anleitungs- und Informationsphase

6) *Vgl. Auszug aus einem Informationsmodul zur Dampff Druck GmbH in den Unterlagen 1*

Informationsphase im Planspiel bezeichnet werden[7]. Unsere Informationen vermitteln wir dabei stets schriftlich in Form eines Moduls[8], mündlich durch die Vorstellung in einer Gesamtgruppensitzung und mit Hilfe der selbständigen Anwendung durch die Studierenden. Die Planspielerinnen setzen das von uns Betreuerinnen vorgestellte Wissen in den folgenden Gesamtgruppentreffen ein, beispielsweise bei der Moderation einer Veranstaltung oder der Erarbeitung eines Zeitplans.

ÖBWL-Wochenendseminar

Ebenfalls zu Anfang des Semesters findet das *ÖBWL-Wochenendseminar* statt, das ein integraler Bestandteil des Planspiels ist. Wir fahren mit den Studierenden in das Berliner Umland, um den Teilnehmerinnen dort die Grundlage der gesamten Veranstaltung – die Umwelt – auf verschiedene Art und Weise näherzubringen. Der Begriff „Umwelt" beinhaltet dabei nach unserem Verständnis sowohl die *natürliche als auch die soziale Umwelt.* Im Laufe des Wochenendes bieten wir den Teilnehmerinnen verschiedene Programmteile zum Thema, zum Beispiel die Besichtigung einer Anlage zur regenerativen Energieerzeugung, Wahrnehmungsspiele sowie künstlerische und biologi-

natürliche und soziale Umwelt

Tage	Inhalte des Wochenendseminars
Freitagnachmittag	Anreise, dabei Besichtigung einer Anlage zur regenerativen Energieerzeugung
	Spiele zum Kennenlernen und Aufbau eines Gruppengefühles
	Nachtspaziergang
Samstag	Spiele zur Naturwahrnehmung
	Formen und Strukturen: die Natur aus künstlerischer Sichtweise
	Waldsterben: biologische Hintergrundinformationen zum Thema Wald
	Orientierungslauf in Kleingruppen: Natur, Sport und eigene Verantwortung
	Reflektion des Tages
	Erfahrung der Dunkelheit
Sonntag	Spiele zur Naturwahrnehmung
	Feedback zum Wochenendseminar
	nachmittags Abreise

Tabelle 1: Ablauf des ÖBWL Wochenendseminars

7) Zu den Phasen eines Planspiels vgl. Sommer 1991

8) Vgl. Übersicht über die Planspielmodule in den Unterlagen

sche Herangehensweisen an das Thema Natur, insbesondere Wald (vgl. Tab. 1).

Im eigentlichen Planspielverlauf schließt sich an die oben beschriebene Informationsphase mit dem integrierten Wochenendseminar die *selbständige Arbeit der Studierenden* zu den Beiträgen ihrer Abteilung für die Vorbereitung der Dampff Druck GmbH auf das EG-Öko-Audit an. Wöchentliche Sitzungen der gesamten Gruppe geben uns Betreuenden die Möglichkeit, Einblick in die Entwicklung der Arbeiten zu bekommen und gegebenenfalls unterstützend oder lenkend einzugreifen. Außerdem nutzen wir die *wöchentlichen Termine,* um Exkursionen zum Thema durchzuführen (zu einer realen Druckerei oder aber auch zu einer Müllhalde), Expertinnen aus der Paxis zu Frage- und Diskussionsrunden einzuladen (z. B. von der Senatsverwaltung für Wirtschaft und Technologie, vom Umweltbundesamt) oder Alltagsprobleme eines Unternehmens zu simulieren, um die betriebliche Praxis möglichst realistisch abzubilden und kritische Entscheidungssituationen zu simulieren (z. B. Auftragsangebot, das ökologisch unverträglich, ökonomisch aber wichtig ist). In dieser *Simulations- und Aktionsphase*[9] geht die Verantwortung für die inhaltliche Gestaltung der Termine immer stärker auf die Studierenden über. Sie haben sich im Laufe der Zeit durch Literaturrecherche und Fachgespräche Wissen angeeignet, das sie durch die Planung von Veränderungsmaßnahmen oder in der Diskussion mit Expertinnen anwenden. *Unsere Funktion als Betreuerinnen* reduziert sich in dieser Phase fast ausnahmslos auf die Beobachtung und *Analyse der Seminarentwicklung.* Wir konstatieren außer acht gelassene inhaltliche Aspekte und versuchen diese durch geschickte Fragen oder Spielelemente einzubringen. Destruktive Entwicklungen in der Gruppendynamik versuchen wir durch Gespräche oder Veränderungen im Spielablauf zu entkräften, außerfachliche Defizite durch entsprechende Hilfestellungen zu beheben.

selbständige Arbeit der Studierenden

wöchentliche Termine

Simulations- und Aktionsphase

Funktion der Betreuerinnen

Analyse der Seminarentwicklung

Die Endphase des Semesters wird von den Vorbereitungen für den Endbericht und die Abschlußpräsentation bestimmt.

Der zeitliche Ablauf des Semesters ist in Stichworten in der Tabelle 2 wiedergegeben.

---

9) Vgl. Sommer 1991

Tage	**Inhalte**
1	Vorstellung Planspiel, Daten zum fiktiven Unternehmen
2	Vorstellung der Spielrollen, Präzisierung der Aufgabe für das Semester
	Wochenendseminar
3	Vortrag zum Öko-Audit von Dr. Taco C. R. van Someren, Umweltgruppe KPMG Deutsche Treuhand Gesellschaft AG
4	EG-Öko-Audit und Auswirkungen auf die einzelnen Abteilungen, Projektmanagement für das Audit-Projekt
5	Exkursion (Besuch von zwei Druckereien)
6	Umweltmanagementüberlegungen, Veränderungsaussichten in den Abteilungen
7	Erste Spielsituation (verleumdende Zeitungskritik am Unternehmen)
8	Vertiefung Umweltmanagement
9	Projektstatusberichte der Abteilungen, Diskussion um Veränderungen (mit Expertinnen)
10	Zweite Spielsituation (ökologisch bedenklicher Auftrag)
11	Exkursion (Besuch einer Müllhalde)
12	Ausblick auf die Unternehmensentwicklung, Fragen zum Abschlußbericht
13	Messevorbereitung
14	MESSE „printe 95“, Präsentation der Arbeitsergebnisse

Tabelle 2: Beispielhafte Übersicht über Semestertermine des ÖBWL-Planspiels

Die Leistungen, die die Studierenden im Laufe des Semesters erbringen, werden ihnen als zweistündiges Proseminar mit einem *benoteten Schein* anerkannt, den sie im Rahmen ihrer Studiennachweise einsetzen können. Die Note setzt sich dabei folgendermaßen zusammen:

benoteter Schein

Art der Teilnote	Kriterien der Bewertung	Anlässe der Leistungsbeurteilung
25 % Individualnote	- *fachliche Qualifikationen:* * Überblick Umweltmanagement; * Einblick in ökologische Ansätze des Funktionsbereichs; * Verknüpfung mit den anderen Funktionsbereichen gemäß Querschnittsaufgabe - *außerfachliche Qualifikationen:* * Engagement; * strukturierende und steuernde Beiträge; * Beiträge zum Projektmanagement und zu anderen Schlüsselqualifikationen	- Gruppensitzungen; - Selbstbewertung am Semesterende innerhalb der Kleingruppe
50 % „Kollektivnote" Kleingruppe	- *fachliche Qualifikationen (siehe oben)* - *außerfachliche Qualifikationen:* * wissenschaftliches Arbeiten	- Gruppensitzungen - Kleingruppenteil des Abschlußberichts
	Für das Audit-Team ist das Projektmanagement hier ein wesentliches Bewertungskriterium.	Für das Audit-Team ist die schlüssige Zusammenführung der Kleingruppenberichte zu einem Gesamtkonzept ein wesentliches Bewertungskriterium.
25 % Gesamtnote für die Großgruppe	- *fachliche Qualifikationen (siehe oben)* - *außerfachliche Qualifikationen:* * gelungene Präsentation	- Präsentation

Tabelle 3: Zusammensetzung der Note für das ÖBWL-Planspiel

Für die Benotung haben wir jeweils Kriterienraster entwickelt, deren Erfüllung wir im Laufe des Semesters beobachten. Da eine ausgewogene Bewertung der individuellen Leistungen der Studierenden aufgrund ihrer intensiven Arbeit in den Abteilungsgruppen von den Betreuenden kaum zu gewährleisten ist, bitten wir die Teilnehmerinnen, sich bezüglich ihrer Mitarbeit anhand vorgegebener Kriterien selbst zu bewerten.[10] Weicht ihre Ein-

10) Vgl. Kriterienvorgabe für die Individualnote in den Unterlagen

schätzung mehr als eine Note von der unsrigen ab, bitten wir die Planspielerinnen zu einer persönlichen Rücksprache, in der wir versuchen, uns anhand von Fragen zu den einzelnen Kriterien ein Bild von der Leistung der Studierenden zu machen.

„Ökologisches Verhalten üben"

Ziele des ÖBWL-Planspiels

ökologisch verantwortungsvolles Verhalten realisieren

Ziel des Studienreformprojektes ÖBWL ist es, Lehrveranstaltungen zu entwickeln und umzusetzen, die die Teilnehmerinnen befähigen und motivieren, in ihrem späteren Berufsalltag *ökologisch verantwortungsvolles Verhalten zu realisieren.* Darum versuchen wir, in unseren Lehrveranstaltungen möglichst viele verhaltensbestimmende Faktoren zu berücksichtigen und ihre positive Wirkung zu fördern.

Faktoren für ökologisch orientiertes Verhalten

betrieblicher Alltag

Fietkau und Kessel (1981) haben als wichtige *Faktoren für ökologisch orientiertes Verhalten* das umweltrelevante Wissen, die entsprechenden Einstellungen, Verhaltensangebote, Handlungsanreize und die wahrgenommenen Konsequenzen des Verhaltens ermittelt.[11] Für den *betrieblichen Alltag* ließen sich folgende Konkretisierungen anführen: Umweltrelevantes Wissen kann neben Grundkenntnissen ökologischer Zusammenhänge das Wissen um ökologisch orientierte Veränderungsansätze in den betrieblichen Funktionsbereichen beinhalten, beispielsweise die Abbildung ökologischer Sachverhalte in der Kostenrechnung oder aufbauorganisatorische Veränderungen zur Förderung ökologischen Verhaltens. Umweltbezogene Einstellungen und Werte können eine zusätzliche Entscheidungskomponente zu ökonomischen Werten darstellen. Verhaltensangebote können im Unternehmen bei der Möglichkeit zur Abfalltrennung anfangen und bis zur Entscheidungskompetenz zugunsten einer ökologischen Produktionsvariante gehen. Unter Handlungsanreizen kann im betrieblichen Alltag sowohl ein ökologisch orientiertes Anreizsystem verstanden werden als auch eine ökologisch ausgerichtete Unternehmensphilosophie. Die Konsequenzen des wahrgenommenen Verhaltens können Reduktionen von Schadstoffen oder umweltverträgliche Veränderungen in der Produktpolitik sein.

---

11) Vgl. dazu auch Pichel 1995

In Anlehnung an die Überlegung von Fietkau/Kessel haben wir uns mit dem ÖBWL-Planspiel folgendes vorgenommen:

A) Wir möchten den Teilnehmerinnen umweltmanagement-relevantes Wissen vermitteln.

B) Wir möchten die Teilnehmerinnen befähigen, unter Umständen nicht vorhandene Verhaltensangebote für ein ökologisch verantwortliches Handeln im Unternehmen überzeugend einzufordern.

C) Wir möchten den Teilnehmerinnen die Möglichkeit bieten, einen emotionalen Zugang zur Umwelt als Wert zu bekommen.

D) Wir möchten die Teilnehmerinnen mit Handlungen, die ihrem ökologischen Wissen entsprechen, konfrontieren und vertraut machen.

Vermittlung fachlicher und außerfachlicher Qualifikationen

Für die Punkte A und B erscheint uns eine *Vermittlung fachlicher und außerfachlicher Qualifikationen* wichtig. Planspielerinnen sollen nach dem Semester beispielsweise im Bereich der ökologischen Bilanzierungsinstrumente oder der umweltorientierten Marketingstrategien über ein ausbaufähiges Grundlagenwissen verfügen. Moderations- und Präsentationstechniken, überzeugende Argumentationsweise oder Projektmanagment[12] sollen zum angewandten Instrumentarium unserer Teilnehmerinnen zählen. Aus diesen Gründen haben wir, wie im vorherigen Kapitel ausführlich erläutert, selbständige Arbeit in Kleingruppen zur Auseinandersetzung mit den einzelnen Abteilungsinhalten vorgesehen und integrieren in unser Konzept die ständige Anwendung außerfachlicher Qualifikationen.

umweltrelevante Einstellungen und Werte

eigene Erfahrungen

Umweltrelevante Einstellungen und Werte (Punkt C) möchten wir nicht mit dem moralisch erhobenen Zeigefinger vermitteln, sondern den Studierenden die Möglichkeit bieten, sie durch *eigene Erfahrungen* zu entdecken. Aus diesem Grund gestalten wir das Wochenendseminar mit Hilfe verschiedener interdisziplinärer Ansätze zum Thema Ökologie, von denen wir hoffen, daß für jede Teilnehmerin etwas Ansprechendes dabei ist. Die Studierenden sollen Natur nicht nur als abstrakt-kognitiven Lerngegenstand oder Entscheidungsfaktor in der Universität erleben, sondern sie auch sinnlich wahrnehmen können. Da für uns

12) Zur Bedeutung außerfachlicher Qualifikationen für Absolventinnen im Bereich Umweltmanagement vgl. Antes 1991

zur Umwelt auch die Menschen gehören, und damit u. a. die Seminargruppe, ist es uns wichtig, die Sensibilität für die Gruppe als Teil der Mitwelt zu erhöhen. Der letztendliche Umgang mit diesen Erfahrungen bleibt den Studierenden allerdings selbstverständlich freigestellt.

vorhandenes Wissen einsetzen

Gefühl für Handlungskompetenz

Verantwortung

Konsequenzen ihres Verhaltens

Für Studierende ist es eine seltene Erfahrung, ihr *vorhandenes Wissen* einzusetzen und die Folgen entsprechender Handlungen wahrzunehmen. Sie sind ungeübt in der eigenverantwortlichen Entscheidungsfindung und Anwendung theoretischer Erkenntnisse. Wir möchten unseren Teilnehmerinnen sowohl ein *Gefühl für ihre Handlungskompetenz,* als auch für ihre *Verantwortung* und die positiven wie negativen *Konsequenzen ihres Verhaltens* vermitteln. Darum dürfen und müssen sie im Rahmen ihrer Rolle Entscheidungen treffen. Dies geschieht nicht nur innerhalb der Kleingruppenarbeit, sondern auch in Spielsituationen mit der gesamten Gruppe. Zur Belebung eben dieser Komponente führen wir gegebenenfalls auch Ereigniskarten ein, die einzelne Teilnehmerinnen explizit zu Entscheidungen oder Handlungen auffordern.

In der folgenden Tabelle werden die vielschichtigen Charakteristika des ÖBWL-Planspiels den folgenden Veranstaltungszielen zugeordnet: Qualifikationen vermitteln, emotional berühren, mit eigener Handlung konfrontieren. Diese Ziele ergeben sich aus den oben beschriebenen Punkten A-D.

Ziele des ÖBWL-Planspiels	entsprechende Ansätze im ÖBWL-Planspiel
Qualifikationen vermitteln - fachlich (Umweltmanagement) - außerfachlich (Schlüsselqualif.)	- Semesteraufgabe: Projekt zum EG-Öko-Audit - Kleingruppenarbeit in Abteilungen - Beiträge der KG zum Audit-Projekt - BWL-Bereiche + Ökologie - eigenständige Arbeitsorganisation - Projektkoordination - Input: Arbeitshilfen - Exkursionen - Diskussionen mit Expertinnen - Präsentation der Ergebnisse
emotional berühren	- Wochenend-Seminar - Exkursionen
mit eigener Handlung konfrontieren	- rollengestütztes Planspiel - Kleingruppenarbeit in Abteilungen - Beiträge der KG zum Audit-Projekt - eigenständige Arbeitsorganisation - Projektkoordination - Spielsituationen - Ereigniskarten - Präsentation der Ergebnisse - Diskussion mit Expertinnen

Tabelle 4: Ziele und entsprechende Ansätze des ÖBWL-Planspiels

„Viel Spaß, gute Lerneffekte und jede Menge ungewohnte Arbeit"

Erfahrungen mit dem ÖBWL-Planspiel

Nachfolgend möchte ich beschreiben, inwieweit die Veranstaltung unseren Zielen gerecht geworden ist und in die normale Lehrpraxis integriert werden kann. Die Grundlage für diese (kritische) Betrachtung bieten zum einen die eigenen Bewertungen und zum anderen Aussagen der Teilnehmerinnen, die wir in Feedbackrunden und mit Hilfe anonymer Fragebögen ermittelt haben.

Sicht der Studierenden

Spaß am Lernen

hohe eigene Motivation

intensive Teamarbeit

Bezug zur betrieblichen Praxis

Aus Sicht der Studierenden stellt das Planspiel eine besondere Lehrveranstaltung dar, die sich durch *Spaß am Lernen, hohe eigene Motivation, intensive Teamarbeit und Bezug zur betrieblichen Praxis* auszeichnet. Nahezu alle Teilnehmerinnen beton-

eigenständige Arbeit

ten die Erfahrung der *eigenständigen Arbeit,* die zum einen in bezug auf die Erarbeitung fachlicher und außerfachlicher Qualifikationen sehr positive Effekte gehabt habe, zum anderen aber auch viel Verantwortung und damit positiven wie negativen Streß und Arbeitsaufwand mit sich gebracht habe. Besonders bemerkenswert erscheint uns, daß fast alle Studierenden zunächst mit dem Ziel am Planspiel teilnahmen, eine benotete Leistungsbestätigung zu erhalten, daß aber im Laufe der Zeit dieser studientechnische Aspekt immer mehr an Bedeutung verlor. Als Grund dafür geben die meisten Planspielerinnen die *Dynamik* an, die sich in den Kleingruppen und im gesamten Planspiel ergab. Als besonders motivierend werden dabei das Wochenendseminar, die Diskussionen mit Expertinnen, einzelne Spielsituationen in der Gesamtgruppe und die Abschlußpräsentation hervorgehoben. Viele Teilnehmerinnen geben an, durch das Planspiel *ökologisch sensibilisiert* worden zu sein. Das manifestiert sich teilweise durch den Verkauf eines Autos und die Anschaffung eines Fahrrades oder aber auch durch den sparsameren Umgang mit Papier oder Wasser. Inwieweit diese ökologischen Verhaltensweisen später auf die Betriebspraxis übertragen werden, läßt sich leider nicht sagen. Eine entsprechende Langzeituntersuchung wäre hier sicherlich sehr aufschlußreich.

Dynamik

ökologisch sensibilisiert

Sicht der Betreuenden

sehr gute Ergebnisse

Aus *Sicht der Betreuenden* stellt das Planspiel eine befriedigende Lehrveranstaltung dar. Die fachlichen und außerfachlichen *Ergebnisse sind zum großen Teil sehr gut.* Das bestätigt sich immer wieder in der öffentlichen Abschlußpräsentation, bei der Expertinnen aus dem Bildungsbereich und Unternehmen der Druckindustrie sowie der Umweltberatung die Leistungen der Teilnehmerinnen lobend anerkennen. Somit lohnt sich unseres Erachtens die Arbeit, die diese Veranstaltung besonders in ihrer Konzeption erfordert. Ein Problem, das allerdings nicht zu vernachlässigen ist, sind die *besonderen Qualifikationen,* die das Planspiel von den Betreuenden verlangt. Anders als in anderen Lehrveranstaltungen stehen hier nicht die Lehrenden mit ihrem Wissen im Mittelpunkt, sondern die Lernenden bei ihrer Erarbeitung von Qualifikationen. Das hat zur Folge, daß sich die Lehrenden auf die Lernenden einlassen und konzentrieren müssen: auf die Dynamik, die sich in der Gruppe entwickelt, auf die fachlichen Ideen, die die Lehrenden in ihrem Konzept unter Umständen nicht bedacht haben, auf die besonderen Kompetenzen, die die Lernenden im Laufe des Semesters entwickeln, und mit

besondere Qualifikationen

denen sie den Lehrenden vielleicht etwas voraus haben, und auf die Komplexität der Leistungsaspekte, die sich in einer handlungsorientierten Lehrveranstaltung ergibt. Für Betreuende eines Planspiels sind also besonders *gruppendynamische Kenntnisse, Flexibilität, Lust und Mut zu spontanen Entscheidungen sowie die Fähigkeit, Kompetenz anzuerkennen,* hilfreich. Außerdem ist sehr zu empfehlen, die *vielschichtigen Leistungsanforderungen,* die eine derartige Lehrveranstaltung stellt (z. B. wissenschaftliches Arbeiten, erfolgreiches Management eines Projektes, Erarbeitung fachlichen Wissens, souveräne Präsentation der erarbeiteten Sachverhalte, Teamfähigkeit etc.), von vornherein zu formulieren und entsprechende Bewertungskriterien zu entwickeln. Zum einen hilft das den Teilnehmerinnen, ihr Handeln an den Anforderungen zu orientieren, zum anderen gehen die vielschichtigen Leistungsnachweise nicht unbemerkt in der Dynamik des Planspiels verloren.

gruppendynamische Kenntnisse

Flexibilität, Lust und Mut zu spontanen Entscheidungen

Fähigkeit, Kompetenz anzuerkennen

vielschichtige Leistungsanforderungen

Die aufgezeigten Anforderungen an die Qualifikation der Lehrenden, die leider selten diesbezüglich geschult oder unterstützt werden, stellen meines Erachtens die eigentlichen *Probleme bei der Integration eines Planspiels in den normalen Lehrbetrieb* dar. Die relativ unvermittelt auftauchenden *komplexen Betreuungsanforderungen* und die Anreicherung der Expertinnenrolle für Fachfragen um soziale und prozessuale Fragen kann schnell ein Gefühl der Unsicherheit und damit Ablehnung nach sich ziehen. Andere, häufig genannte Probleme dieser Lehrform, wie beispielsweise die zur Verfügung stehende Zeit[13], scheinen mir dagegen durch eine entsprechende Konzeption der Inhalte und Arbeitsschritte relativ leicht überwindbar. Diesbezüglich sehe ich wenig Probleme, das Planspiel in einen normalen Fächerkanon zu integrieren.

Probleme

komplexe Betreuungsanforderungen

13) Vgl. Kraas 1995, S. 89

Literatur

Antes, R. (1991): Qualifikationen für ein betriebliches Umweltmanagement – Eine Bestandsaufnahme unter besonderer Berücksichtigung der Anforderungen an Wirtschaftswissenschaftler, Oestrich-Winkel (Arbeitspapiere des IÖU, Nr. 17).

Antes, R. (1994): Organisation des Umweltschutzes in Unternehmen, in: UWF, Heft 6, Juli, S. 25-31.

Fietkau, H.-J./Kessel, H. (1981): Umweltlernen, Königstein/Taunus.

Keim, H. (Hrsg.) (1992): Planspiel-Rollenspiel-Fallstudie, Köln.

Kraas, C./Mackenberg, U./Stindtmann, S. (1995): Planspiele im Wirtschaftslehreunterricht mir ihren Möglichkeiten, Grenzen und Perspektiven, in: Blisse, H./Kraas C. (Hrsg.) (1995): Annäherungen an einen umwelt- und handlungsorientierten Wirtschaftslehreunterricht, Bielefeld, Berlin.

Peglau, R./Weiler, K. (1995): Bibliographie zur EG-Öko-Audit-Verordnung, Berlin.

Pichel, K. (1995): Produktlinienanalyse: Eine Methode im Umweltlernen, in: Fischer, A. (Hrsg.) (1995): Umweltlernen im Unterricht zwischen Ökologie und Ökonomie, Bielefeld.

Reinhold, C. (1995): System und Projektmanagement, unveröffentlichtes Modul 4 im ÖBWL-Planspiel, Berlin.

Schahn, J./Giesinger, T. (Hrsg.) (1993): Psychologie für den Umweltschutz, Weinheim.

Sommer, J. (1991): Ökologische BIldung durch Planspiele im Unterricht?, in: Schulpraxis, 11. Jg., 5/6, S. 64-67.

Einige Spielunterlagen

Unterlage 1:
Auszug aus einem Informationsmodul zur Dampff Druck GmbH

Abteilung Vertrieb:

Produktprogramm in % der gesamten Aufträge	**7 % Vereinszeitschriften** ✍ Britzer Kaninchenzüchter ✍ Bund vorpommerscher Orientierungstaucher ✍ Schweizer Schoko-Köpfli - Organ des Fachverbandes der eidgenössischen Confiserie ✍ Müç Gülüz - der Berliner Dönerbote ✍ der Schlachtenbummler (Stadionheft von Hertha BSC) ✍ der Schlachter (Informationsorgan von Herta-BSE, Verband deutscher Rindfleischimporteure) **15 % Fachzeitschriften** ✍ Dampframme - das Fitnessmagazin ✍ Dampfnudel - Zeitschrift für gastronomische Teigwaren ✍ Dampfbad - Journal des Sanitärhandwerks ✍ Hans Dampf - Magazin für den Wirtschaftsstudenten ✍ der Videot - das Filmjournal für multimediale Heimwerker ✍ Momper halb und halb - Zeitschrift für das Tresenwesen 10 % Geschäftspapiere 20 % techn. Dokumentationen 33 % Broschüren/Werbeprospekte 10 % Plakate 5 % Bücher (Bindung außerhalb des Unternehmens)
Umsatzverteilung	65 % Hochglanz, 25 % chlorfrei gebleicht, 10 % diverses (u. a. UWS-Papier, Packpapier)
Preisstruktur	Preisanpassung an den Markt, teilweise daher Selbstkostenpreis. Z. Zt. herrschen Dumping-Preise, d. h. Kunden können bei Verhalten entgegen den Absprachen nicht angemotzt werden (deshalb oft Terminverzögerungen). Wegen der verschiedenen Bearbeitungsintensität jedes Auftrages wird jedes Angebot individuell erstellt, es gibt keine Preisliste an sich. Die Kalkulation übernimmt Abt. Finanzen.
Kundenstruktur	ca. 20 Unternehmen/Verbände als regelmäßige Kunden, der Rest ist unbekannt
Vertrieb/ Distribution	überwiegend Abholung durch Kunden (Parkplatz im Hof), teilweise Versand per Pfeil & Bote
Werbung	bislang Weihnachtskarten vom Chef
Außendienst	1 Mitarbeiter mit Auto, der zu Kunden fährt

Unterlage 2:
Übersicht über die ÖBWL-Planspielmodule

Nr.	Modulinhalt
1	Planspiel „Betr. Umweltmanagement"
2	Information/Instruktion Dampff Druck
3	Aufgaben und Literaturverweise
4	System- und Projektmanagement
5	Zielplanung
6	Moderationstechnik
7	Präsentation
8	Orga Wochenend und Druckerei
9	Inhalt Wochenende
10	Audittext/UBA/Uli
11	Literaturrecherche/UBA
12	Willkommen in der Abteilung
13	Ressourcenplanung
14	Müll
15	Einladung zur Printe

Unterlage 3:
Kriterienvorgabe für die Individualnote

Kriterien – Ich schätze meine diesbezüglichen Leistungen folgendermaßen ein:	1 sehr gut	2 gut	3 befriedigend	4 ausreichend	5 mangelhaft	6 ungenügend
1. Anwesenheit, Verläßlichkeit und Pünktlichkeit.						
2. Engagement beim Erarbeiten fachlicher Beiträge zur Problemlösung.						
3. Mitarbeit an der Dokumentation und Präsentation der Ergebnisse.						
4. Einbringen strukturierender, steuernder, initiativer Diskussionsbeiträge.						
5. Einbringen fachlicher Diskussionsbeiträge in ausreichender Quantität.						
6. Qualität der fachlichen Beiträge.						
7. Beitrag zur Motivation der Arbeitsgruppe.						
8. Beitrag für die effiziente Organisation der Kleingruppenarbeit.						

Anja Grothe-Senf

Die Zukunftswerkstatt – eine Herausforderung für die Umweltbildung zur Aktivierung wider die Resignation

Eine Herausforderung von Umweltbildung besteht darin, Ansätze und Methoden aufzugreifen, die die Menschen berühren und die sie innerlich annehmen können. Methoden, die es ermöglichen, in Zusammenhängen zu denken und Visionen zu entwickeln, und die es gleichzeitig ermöglichen, die Sensibilität gegenüber zerstörerischen Prozessen zu erhöhen. Eine dieser möglichen Methoden ist die „Zukunftswerkstatt", die vor über 30 Jahren insbesondere von Robert Jungk in der politischen Bildungsarbeit entwickelt wurde.

„Zukunftswerkstatt"

Die Entwicklung der Zukunftswerkstatt

Ausgangspunkt der Überlegungen von Jungk war, daß Entscheidungen, die das Alltags- und Berufsleben der meisten Bürger einschneidend beeinflussen, ohne das Wissen der Bürger und über ihre Köpfe hinweg getroffen werden. Nach Jungk kommen die „Betroffenen" immer zu spät. Sie regieren nicht, sie reagieren nur noch auf Neuerungen, an deren Zustandekommen sie keinen Anteil hatten. Denn wenn sie – falls überhaupt – informiert werden, ist das Wichtigste schon längst „gelaufen" (Jungk; Müllert 1981, S. 15). In der entscheidenden Anfangsphase jeder Planung und jedes Veränderungsvorganges hat meist nur ein kleiner Kreis von Fachleuten und Auftraggebern das Sagen. Daran hat sich in den letzten Jahren überhaupt nichts geändert. Es ist das Ziel einer Zukunftswerkstatt, jeden interessierten Bürger in die Entscheidungsfindung miteinzubeziehen, die sonst nur einer Elite, nämlich den Politikern, Experten und Planern vorbehalten ist (vgl. Jungk; Müllert 1981, S. 16 f). Eine Zukunftswerkstatt ist damit zunächst eine Methode basis-demokratischer Entscheidungsfindung und Willensbildung gewesen, da sie als Grundannahme jede Bürgerin und jeden Bürger als Experten für die Belange ansieht, die Betroffenheit erzeugen. Seit den Anfängen der Zukunftswerkstätten in den 60er Jahren haben sich inzwischen mehrere „Generationstypen" von Zukunftswerkstätten entwickelt, die zunehmend auch im Rahmen der Umweltbildung eingesetzt werden.

„Betroffene"

Ziel einer Zukunftswerkstatt

Ablauf von Zukunftswerkstätten

Die Zukunftswerkstatt besteht aus drei Hauptphasen, der Kritik-, der Phantasie- und der Verwirklichungsphase sowie der Vorbereitungs- und permanenten Nachbereitungsphase. In diesen Phasen kommt es immer wieder zur Themensammlung und zum Prioritäten setzen. Intuitiv-emotionale Elemente wechseln sich mit rational-analytischen Methoden ab.

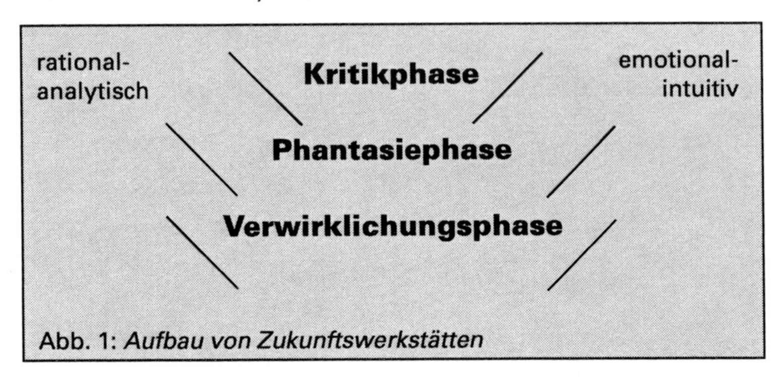

Abb. 1: *Aufbau von Zukunftswerkstätten*

Seit mehreren Jahren führe ich Zukunftswerkstätten in unterschiedlichen Bereichen, wie z. B. in Universitäten, bei den Gewerkschaften, in Berufsschulen und in Betrieben (im Bereich der Aus- und Weiterbildung, im Rahmen von quality circles) und für andere Institutionen durch. Die Zielgruppen sind entsprechend heterogen, und der Themenbereich liegt schwerpunktmäßig im Rahmen der Umweltbildung. Vor der Durchführung einer Zukunftswerkstatt sollten folgende Ausgangsüberlegungen bedacht werden:

Ausgangsüberlegungen

Ausgangspunkt einer Zukunftswerkstatt ist, daß sie nicht nur dazu dient, den Teilnehmerinnen und Teilnehmern eine angenehme Selbsterfahrung zu ermöglichen. Ziel kann es auch nicht sein, der verantwortlichen Institution als Alibi für sonstige Versäumnisse im Umweltschutz zu dienen. Denn mit dem Ziel von Zukunftswerkstätten, eigene Ideen, Phantasie und Kreativität in bezug auf Zukunftsvorstellungen zu entwickeln, ist sehr verantwortlich umzugehen. Dazu muß auch im Anschluß an eine Zukunftswerkstatt der Freiraum bestehen, in weitergehenden Arbeitsgruppen die Umsetzung der Ideen und Visionen zu überprüfen. Das spezielle Ziel kann ganz unterschiedlich sein. So kann es im Universitäts- oder Schulrahmen darauf ankommen,

Umweltprojekte zu entwickeln, zu denen die Teilnehmerinnen und Teilnehmer selber die Ideen liefern. Das Engagement für diese Projekte wird ein sehr viel stärkeres sein, wenn die Themen nicht vom Dozenten vorgegeben werden, sondern dem inneren Bedürfnis der Studenten und Schüler entsprechen. Ein zusätzlicher Nutzen besteht im Kennenlernen anderer Lehr- und Lernformen durch die Zukunftswerkstatt, was wiederum zur Verbesserung der ökologischen Ausbildungspraxis führen kann.

Im Rahmen der Umweltbildung könnten

- der Umweltschutz des gesamten Betriebes
- der Umweltschutz einer Abteilung
- Umweltschutz an unserer Schule
- Lernen lernen
- der Umgang mit der natürlichen und sozialen Umwelt
- Umweltschutz-Strategieentwicklung

einige von vielen möglichen Themen sein.

In einer von mir in einem Betrieb durchgeführten Zukunftswerkstatt lautete das Thema: „Umweltschutz im Bereich der Zentralen Verpackung – Was können wir für den Umweltschutz tun?" Die zunächst eintägige Zukunftswerkstatt hatte folgendes Programm: Vorbereitungsphase, Kritikphase, Phantasiephase und Verwirklichungsphase/Realisierungsphase (s. Abb.2).

Vorbereitungsphase

Die Vorbereitungsphase hat das Ziel, die Teilnehmerinnen und Teilnehmer sowohl mit dem Thema als auch mit der Methode vertraut zu machen. Eine Zukunftswerkstatt hat immer etwas mit Zukunftsvorstellungen zu tun, deshalb ist eine Verständigung darüber, welche positiven wie negativen Zukunftsszenarien jeder für sich entwickelt hat, eine wichtige Voraussetzung für das weitere gemeinsame Arbeiten. Auch die Vorstellung über das, was für jeden einzelnen die „Umwelt" bedeutet, und welchen Stellenwert der Mensch in dieser Umwelt einnimmt, dient der Auseinandersetzung über Wertigkeiten, Einstellungen und Naturphilosophien.

Darüber zu reden, bietet sich nach dem Thema „Bilder der Zukunft" an. Nach einer angeleiteten Phantasiereise werden die Teilnehmer/innen aufgefordert, in Kleingruppen ein Bild über

Vorbereitungsphase
* Einführung in das Thema und in die Methode
* Bilder der Zukunft

Kritikphase
* Phantasiereise
* Was stört mich, was habe ich zu kritisieren, was macht mir Angst, wenn ich an ... (Thema) denke?
  - Sammeln von Kritikschwerpunkten
  - Bewertungen
  - Kritikschwerpunkte
* Beispiele für die Kritik sammeln
* Kritik positiv umformulieren

Phantasiephase
* Phantasiemeditation
* Phantasiespiel
* Visionen
  - Ein Stück Zukunft aus dem Jahre 2020
* spielerische Phantasiedarstellung
* Phantasieschwerpunkte

Verwirklichungsphase/Realisierungsphase
* Was können wir tun?
* Maßnahmenkatalog
  - Womit fangen wir an?
  - Was fehlt uns an Unterstützung, Information etc.?

Abb. 2: *Programm einer Zukunftswerkstatt*

ihre Zukunftsvorstellung zu malen. Dieses Bild wird dann anschließend in einer „Vernissage" den anderen Teilnehmern vorgestellt.

Kritikphase

Um zu wissen, was man verändern oder erneuern möchte, muß man sich zunächst klar darüber werden, was man nicht mehr will. Deshalb beginnt jede Kritikphase mit der Eingangsfrage „Was stört mich, was habe ich zu kritisieren, was macht mir Angst?".

Ohne abzuwägen und ohne Entschuldigungen zu suchen, können hier Mißstände, Ängste und Defizite aufgedeckt werden.

Als Einstimmung dazu dient eine Phantasiereise, durch die die Natur im Inneren erlebbar gemacht wird und die es den Teilnehmerinnen und Teilnehmern eher erleichtert, auch über ihre Ängste zu sprechen.

Phantasiephase

Diese Phase ist die Basis für die nächste Phase, die Phantasiephase, in der positive Alternativen aufgezeigt werden sollen. Dazu muß den Teilnehmerinnen und Teilnehmern eine phantasievolle Atmosphäre ermöglicht werden. In der Phantasiephase entfaltet die Zukunftswerkstatt ihre eigentlichen Vorteile gegenüber vielen anderen Projekt- und Seminarmethoden. Denn nicht nur durch unsere gewohnten rational-analytischen Denk- und Arbeitsmethoden werden Alternativen gesucht, sondern auch durch spielerische, assoziative, künstlerische und intuitive Methodenvielfalt werden Phantasien entwickelt, die positive „Gegenwelten" darstellen. Wie schon in den anderen Phasen wechseln sich hier aber besonders stark rational-analytische Methoden (in Form von Brainstorming, Bewertung und Schwerpunktbildung) mit den intuitiv-emotionalen Methoden (wie Phantasiereisen, Meditation, Geschichten erzählen, Pantomime, Malen etc.) ab.

Erfahrungen

Durch diese für viele Teilnehmerinnen und Teilnehmer neuen Gruppenerfahrungen kommt es zu einer Vielzahl von Ideen, die oft nicht erwartet worden wären. Das Erfahren der eigenen Kreativität und das Entdecken der eigenen Phantasie lösen in vielen Gruppen eine spürbare Freude und einen erwachenden Mut zu Unkonventionellem aus. So berichtete beispielsweise eine Teilnehmerin im Anschluß an die Zukunftswerkstatt folgendes über ihre Erfahrungen: „Es ging darum, was wir uns vorstellten, wenn wir einen eigenen Betrieb aufbauen würden, was wir da verbessern würden. Unser Hauptproblem ist unsere Klimaanlage. Wir haben im Grunde genommen ‚gesponnen': Man müßte ein Dach haben, das man aufmachen kann, um frische Luft zu bekommen. Es müßte alles viel romantischer sein, vielleicht ein paar Bäume dazwischen ... Aber es hat uns Spaß gemacht, das einfach einmal auszuträumen. Daß man wirklich Sauerstoff hat, das ist eigentlich unser größtes Problem. Warum stehen wir nicht auf dem grünen Rasen, und die Maschinen sind eingepackt? Das war so eine der Visionen." (Hildebrandt 1992, S. 336). Der Rahmen der sonst üblichen Ideensammlung wird bewußt erweitert, und die Fragen der Machbarkeit und Umsetzung werden erst zu einem späteren Zeitpunkt (in der Verwirklichungsphase) diskutiert. So kam es in der oben erwähnten Zukunftswerkstatt zwar nicht zu den eingepackten Maschinen, aber zu vielen Veränderungen am Arbeitsplatz, die z. B. auch zur Veränderung einer Waschzeile führte, die einen sehr hohen Wasserverbrauch hatte. Die Amortisationszeit dieser Investition galt bis dahin als zu lang. Durch die Initiative der Gruppe wurden die Rechnungen neu überdacht und eine Technik gefunden, die umgesetzt wurde.

Verwirklichungsphase

In der sich anschließenden Verwirklichungsphase werden alle Ideen auf ihre Durchsetzbarkeit und Weiterentwicklung überprüft, und es wird das weitere Vorgehen besprochen. Diese Phase ist die längste von allen, da die Überprüfung aller Ideen auch eine zusätzliche Strategie- und Informationsphase bedeuten kann. So kam es bei der oben beschriebenen Zukunftswerkstatt zu vielen weiteren Treffen der Teilnehmerinnen und Teilnehmer, auch mit Experten aus dem Betrieb, um die erarbeiteten Ideen in Maßnahmen umzuformulieren. Hier beginnt die klassische Weiterbildung. Literaturauswertung, Vorträge und Gruppenarbeiten können die Inputs sein bei den sich anschließenden Treffen. Der Bedarf dazu wird jedoch alleine von der Gruppe festgelegt. Die Motivation zum mehr „Erfahren über Umweltschutz" – zum „Wissen wollen über ..." entspricht dem wieder entdeckten Bedürfnis und dem veränderten Bewußtsein.

Herausforderung für die Umweltbildung

Die Zukunftswerkstatt ist damit eine Herausforderung für die Umweltbildung, da sie die Chance gibt, sowohl persönliche Betroffenheit als auch ein Maß an Eigenverantwortung spürbar zu machen. Das Maß der erwarteten Wirksamkeit erweitert sich durch den gruppendynamischen Prozeß. Für die eingangs erwähnte Forderung, entstandene Probleme auch durch eine andere Denkweise zu lösen, kann die Zukunftswerkstatt einen Beitrag leisten, denn die Chance dieser Art von Umweltbildung steckt im Neuentwickeln von Zukünften und Perspektiven und im Überdenken von Einstellungen, Grundhaltungen und Paradigmen. Das erfordert allerdings Flexibilität von den Teilnehmerinnen und Teilnehmern, von den Moderatoren und von der Institution. Denn die Zukunftswerkstatt ist ein Rahmen mit einem grob vorgegebenen Konzept, sie lebt von dem, was jeder mitbringt und was in der Dynamik entstehen kann.

Hier besteht die Herausforderung darin, die Gruppe auf diesen Prozeß, der im Anschluß entstehen kann, vorzubereiten und – wenn möglich – in den sich anschließenden Gruppentreffen unterstützend zu wirken. Denn es kann davon ausgegangen werden, daß die Teinehmerinnen und Teilnehmer selbst sehr interessiert sind an der Umsetzung der Ergebnisse. Auch hierin sehe ich einen Unterschied zu herkömmlichen Bildungsveranstaltungen.

vernetzte Systeme

Anschließend möchte ich einige Fragen diskutieren, die im Zusammenhang mit der Integration von Zukunftswerkstätten in den schulischen Unterricht gestellt worden sind.

1. Treffen die Erwartungen zu, die an die Zukunftswerkstatt gestellt werden, und fördert sie tatsächlich ein ökologisches Handeln?

An Zukunftswerkstätten werden, je nachdem wer sie durchführt und wo sie durchgeführt werden, unterschiedliche Erwartungen gestellt. So können Zukunftswerkstätten zur Strategieentwicklung in einem Unternehmen durchgeführt oder zur Entwicklung einer Marketingidee veranstaltet werden. Sie können auch „nur" als andere Lernform betrachtet werden. Deshalb ist es wichtig, vor der Durchführung einer Zukunftswerkstatt genau die Zielsetzung des Veranstalters zu erkunden und sich über folgende Bedingungen Klarheit zu verschaffen:

unterschiedliche Erwartungen

- Wieviel Zeit steht für die Werkstatt zur Verfügung?
- Wissen die Teilnehmer/innen, was eine Zukunftswerkstatt bedeutet?
- Können die Teilnehmer/innen sich das Thema selber aussuchen?
- Welche Umsetzungschance haben die Ergebnisse?
- Wieviel Zeit steht zur Verfügung, um die Ergebnisse umsetzbar zu machen?

Soll die Zukunftswerkstatt nämlich die Erwartungen erfüllen, wie z. B.

kommunikativer Prozeß

- „Betroffene" zu aktivieren,
- die eigene Expertin bzw. den eigenen Experten zu erkennen,
- Visionen zu entwickeln,
- die eigene Phantasie anzunehmen,
- das Spielerische ernst zu nehmen,
- Gemeinsames zu finden,

- Lethargie in Handlung umzuwandeln,
- Mut zu bekommen,

dann bedeutet das, die Teilnehmer/innen und ihre zu erarbeitenden Ergebnisse (Visionen) ernst zu nehmen. Eine Zukunftswerkstatt kann dazu nur den Anschub geben, denn die Realisierungsphase wird während der Werkstatt nur begonnen und muß im wesentlichen in nachfolgenden Terminen fortgesetzt werden. Das bedeutet, daß dazu ein ausreichender Zeitrahmen gegeben sein muß. Das ist denjenigen, die die Werkstatt als abgeschlossene Veranstaltung ansehen, nicht immer klar. Dazu ein Beispiel:
Bei einer von mir in einem Betrieb durchgeführten eintägigen Zukunftswerkstatt war der Betriebsleiter gegenüber dieser Werkstatt zunächst sehr aufgeschlossen. Nachdem er jedoch später die Vielzahl der dort erarbeiteten Ergebnisse sah, änderte er seine Meinung und sagte: „Wenn ich gewußt hätte, wieviele Ergebnisse hier zustandekommem, hätte ich die Werkstatt nicht genehmigt." Für die Teilnehmer/innen und die Moderatorin war dies eine sehr unverständliche Reaktion, wird doch sonst immer der Mangel an Ergebnissen beklagt. Hieran wird aber deutlich, daß dieser Betriebsleiter gänzlich andere Erwartungen an die Werkstatt hatte als die Teilnehmer/innen und die Moderatorin. Ihm war deutlich geworden, daß er die Ergebnisse nicht einfach auf sich selbst beruhen lassen konnte.

Schwierigkeit

Die Schwierigkeit wird immer darin liegen, den Widerstand, der gegenüber den entwickelten Ideen und Visionen von Nicht-Teilnehmern und Entscheidungsträgern auftreten kann, auszuhalten. So berichtet beispielsweise eine Teilnehmerin aus der o. g. Zukunftswerkstatt: „Es wäre viel besser, wenn auch ab und zu ein Meister dabei wäre. (...) Wenn der Meister hinter der Idee gestanden hätte, dann wäre das auch in den anderen Betriebsteilen angekommen und schneller umgesetzt worden. Manchmal habe ich den Eindruck, die Meister wollen halt nicht, daß Ideen von uns aus kommen; sie wollen selbst ihre Ideen verwirklichen. Und manchmal wird ja auch dagegen gearbeitet: Dann haben wir ein Thema, und sie haben das gleiche Thema." (Hildebrandt 1992, S. 338).

Eine andere Teilnehmerin beschreibt ihre Erfahrungen mit der Ideenumsetzung bei Entscheidungsträgern folgendermaßen: „Da habe ich jetzt einen Vorschlag gekriegt von einem kleinen

Mann aus dem mittleren Bereich. Im Hinterstübchen denkt er vielleicht, das hätte eigentlich meine Idee sein müssen; hätte ich eigentlich drauf kommen müssen. Da ist er schon ein bißchen stinkig ..." (ders. S. 341).

Ob die Zukunftswerkstatt insofern die Erwartungen erfüllt, die an sie gestellt werden, kommt sehr auf die vorherige Abklärung der o. g. Ausgangsbedingungen an. Die Förderung von ökologisch orientiertem Handeln ist daraus noch nicht abzuleiten. Nach meiner Erfahrung fördert die Zukunftswerkstatt den Mut, sich nicht durch angebliche Sachzwänge und „Expertenmeinungen" entmutigen zu lassen. Ein weiteres Beispiel soll das verdeutlichen.

Beispiel

In einer Zukunftswerkstatt in einer Berufsschule kam es im Anschluß an die Werkstatt auf Initiative der Schüler zu einem gemeinsamen Treffen von Schülern, Schulleitung, Betriebsleitern, Genossenschaftsvertretern, Gewerkschaftsvertretern und Schulverwaltung, wo die von den Schülern als sehr negativ empfundenen Ausbildungsbedingungen und die verheerenden Umweltbedingungen diskutiert wurden. Alle Beteiligten hatten schon lange vorher das Bedürfnis nach einem solchen Treffen gehabt, nur hatte niemand die Initiative dazu ergriffen. Von den Schüler/innen erforderte diese Veranstaltung sehr viel Mut, denn sie standen kurz vor ihrer Abschlußprüfung. Auch konnten sie nicht mehr von den dann eventuell verbesserten Ausbildungsbedingungen profitieren, da ihre Ausbildung kurz vor dem Ende stand. Ohne daß damals die „Sustainability-Debatte" in Mode war, dachten diese Schüler/innen wirklich an „nachkommende Generationen". Sie hatten durch die Zukunftswerkstatt Mut bekommen, eigene Vorschläge zu entwickeln und Vertrauen in ihr Können, in ihre Kritik und ihre Phantasie. Und sie haben durch die Veranstaltung eine Wertschätzung ihrer Personen erfahren, die sie sonst in ihrem schulischen und beruflichen Alltag nicht kannten (vgl. Nitschke, Littig 1994, S. 97 - 169).

Die von uns vielfach zu eng definierten Rahmenbedingungen, die selbst gesteckten Grenzen, vorweggenommene Enttäuschungen u. v. m. verhindern oft das Zustandekommen neuer Ideen oder den Mut, die Initiative zu ergreifen. Um die „Mauern in den Köpfen" zu überwinden, ist eine Atmosphäre erforderlich, die das auch zulassen kann.

Um eine Einschätzung späterer Verhaltensänderungen geben zu können, bedürfte es längerer wissenschaftlicher Begleitforschung über Zukunftswerkstätten, die es meines Wissens nicht gibt.

2. Werden neben kognitiven Gesichtspunkten auch emotional-affektive und kommunikative Aspekte berücksichtigt?

Diese Frage beantwortet sich eigentlich aus dem Aufbau und Anspruch der Zukunftswerkstatt, der zu einer Ausgewogenheit von emotional-affektiven und kognitiven Gesichtspunkten führen soll. Damit ist nicht nur der Aufbau in drei Kernphasen gemeint, sondern auch die Aufteilung des Vorgehens in diesen Phasen. Die Beispiele aus der Kritikphase und Phantasiephase sollen das verdeutlichen.

Eine Methode, den emotionalen Charakter zu aktivieren.

Kritik zu üben sind wir heute gewohnt. Auch das Brainstorming gehört zu den bekannten Methoden der wissenschaftlich-kognitiven Erarbeitung eines Themas. Nun macht es jedoch emotional einen Unterschied, ob die Kritik an die Tafel geschrieben wird oder sie jede/r für sich notiert. Eine Methode, den emotionalen Charakter der Kritik zu aktivieren, besteht darin, die Kritikstichpunke auf bunten Zetteln aufzuschreiben, diese Zettel auf den Boden zu werfen („wirf die Kritik raus", „schrei sie in den Raum") und dabei laut in den Raum die Kritik zu benennen. Andere Teilnehmer/innen fühlen sich dadurch angeregt, und der Berg mit der Kritik wächst zu „einem bunten Haufen". Das kann befreiend, aber auch frustrierend wirken, da dieser große Kritikberg zum einen die eigene Situation widerspiegelt und zum anderen aber auch bearbeitet werden soll. Später wirkt sich dann die Erkenntnis positiv aus, daß die Kritik „auch etwas Buntes an sich hat" und daß sie durch die Prioritäten der Teilnehmer/innen bearbeitbar ist. Eine Voraussetzung dafür ist jedoch, daß das Thema der Werkstatt für die Teilnehmer/innen von Bedeutung sein muß („Betroffenen-Zielgruppe"), denn sonst kann der Kritikberg nur ein „flacher Hügel" sein, und emotionale Betroffenheit kann kaum entstehen.

Schaffen einer „Phantasieatmosphäre"

Eine Phantasiephase mit nur kognitiven Elementen zu erarbeiten ist nicht möglich. Robert Jungk spricht von der Notwendigkeit des Schaffens einer „Phantasieatmosphäre". Damit ist nicht nur die Ausstattung der räumlichen Verhältnisse gemeint, sondern das gilt vor allem für den Raum, der dem Phantastischen zugestanden werden kann. In dieser Phase überwiegen die emotionalen-intuitiven Elemente des Themas. Methoden, die den Zugang dazu erleichtern, sind z. B. Phantasiereisen, Tänze, Sketche mit Phantasiestichworten, Skulpturenkneten etc. Der Zusammenhang zum Thema der Werkstatt ist dabei zunächst nicht vorhanden. Ziel ist es vielmehr, sich mit anderen Elementen den Horizont zu erweitern. Durch das „Sich-herausbegeben" gelingt es den Teilnehmer/innen später viel leichter, angebliche Sachzwänge zu entlarven oder mutiger die eigenen Visionen zu erkennen.

3. Wird der Erwerb von prozessualem Wissen und ökologischer Handlungskompetenz gefördert?

prozessuales Lernen und Erkennen

In der Zukunftswerkstatt kann prozessuales Lernen und Erkennen stattfinden, da der Prozeß in den Phasen durch die Teilnehmer/innen bestimmt wird. Fehlen Informationen oder Vertiefungen zu einem Thema, so kann auch das ein Ergebnis in der Realisierungsphase sein, hier eine Fragestellung zu vertiefen.

Ökologische Handlungskompetenz erfordert auch die Erhöhung von Sachkompetenz. Das wird in der eigentlichen Werkstatt jedoch nicht geschehen. Die Zukunftswerkstatt kann nur dazu motivieren, sich später Wissen zu den entsprechenden Fragestellungen anzueignen.

4. Mit welchen Einpassungsproblemen in den tradierten Fächerkanon und in die Schulstundenroutinen ist zu rechnen?

Zukunftswerkstatt ist fächerübergreifend und interdisziplinär

Eine Zukunftswerkstatt ist fächerübergreifend und interdisziplinär. Sie kann von einer/m Fachkundelehrer/in initiiert werden, sollte aber grundsätzlich mit den Lehrern der anderen Fächer abgesprochen werden, und dies mindestens aus zweierlei Gründen. Zum einen sollte man die Zukunftswerkstatt nur dann durchführen, wenn anschließend mit den Ergebnissen weitergearbeitet werden kann. Wenn das nicht möglich erscheint, fühlen sich die Teilnehmer/innen nicht ernst genommen. Die Werkstatt ist eben nicht nur eine Methode, die zur Auflockerung des Unterrichts angeboten werden sollte. Sie bietet in ihrer Phasenabfolge vielmehr einen Rahmen, um „Betroffene zu aktivieren", und hat damit einen sehr demokratischen Anspruch. Ist es also für die Lehrer nicht möglich, den Ergebnissen anschließend auch einen Bearbeitungsraum zu geben, dann sollte anstelle der Zukunftswerkstatt besser ein Planspiel, eine Umweltralley etc. angeboten werden (vgl. Frage 1). Hier ist es notwendig darauf hinzuweisen, daß auch die Lehrer sich über die Lernziele, die sie mit der Zukunftswerkstatt verbinden, sehr bewußt sein sollten.

Der andere Grund ist die benötigte Zeit für eine Werkstatt, die sich nicht ohne weiteres in Schulstunden einpressen läßt. Die Phasenabfolge läßt sich auch nicht so aufteilen, daß man sie z. B. wochenweise trennt, da dann die Dynamik des Prozesses verlorengeht. Zumindest sollten die Kritik- und die Phantasiephase zeitlich nicht auseinandergerissen werden. In der Fachhochschule, wo ich selber Zukunftswerkstätten für Studentinnen und Studenten durchführe, hat sich bisher die Eintageswerkstatt sehr bewährt, die ich auf einen Samstag lege. Der dafür benötigte Stundenumfang wird durch entsprechende Freistunden im regulären Stundenplan ausgeglichen. Eine ähnliche Lösung sollte bei entsprechender Absprache der betroffenen Lehrer auch an Schulen möglich sein.

5. Stellt die Zukunftswerkstatt „Insellösungen" oder „Integrationsperspektiven" dar?

Integrations-alternative

Wenn die Zukunftswerkstatt durch den Wunsch vieler Lehrer/innen und Schüler zustandekommt, stellt sie eine Integrationsalternative dar. Dies wird jedoch die Ausnahme sein. Meistens ist sie zunächst eine „Insellösung", und es ist sehr viel Engagement der durchführenden Lehrer/innen notwendig, um diese Inseln in den Schulalltag zu integrieren.

6. Hilft die Zukunftswerkstatt, tradierte Fach- und Inhaltsstrukturen aufzubrechen?

Die Frage ist mit einem „es kommt darauf an" zu beantworten.

Durch die Zukunftswerkstatt kann sehr gut ein projektorientierter Unterricht initiiert werden. Die Projektideen entwickeln die Schüler/innen in der Zukunftswerkstatt, die fachliche Betreuung durch die Lehrer ist dann später fächerübergreifend. Neben dem Rahmenplan, der dafür Spielraum läßt, ist hier jedoch die Offenheit der Lehrer/innen gegenüber den Ergebnissen der Schüler/innen eine unbedingte Voraussetzung. Genau darin liegt in einer Zukunftswerkstatt jedoch die große Unbekannte. Die Ergebnisse der Zukunftswerkstatt als Chance und nicht als Gefahr zu sehen, bedeutet, einen offenen Unterricht zuzulassen, was nicht für jede/n Lehrer/in möglich sein wird.

einen offenen Unterricht zulassen

Abschließend möchte ich dazu raten, eine Zukunftswerkstatt zunächst als Teilnehmer/in mitzumachen, bevor man sie selber anleitet (zur Anleitung gibt es auch spezielle Moderatoren-Trainings). Denn neben den o. g. Rahmenbedingungen ist eine wichtige Voraussetzung zur Durchführung einer Werkstatt, daß man davon überzeugt ist, und daß die angewendeten Methoden zur Person der Moderatorin/des Moderators passen (nicht jedem liegt es z. B., eine Phantasiereise anzuleiten).

Eine Zukunftswerkstatt kann viel anregen, sie ist aber kein „Allheilmittel". In einer kurzen Werkstatt können im Bewertungsverfahren viele Kritikpunkte nicht behandelt werden. Auch bleiben durch den Grundsatz „keine Kritik an der Kritik" und die weitere Regel „keine Diskussion über Wertigkeiten" einige Gruppenkonflikte ausgespart. Das kann bei einigen Teilnehmer/innen zu einem unbefriedigenden Gefühl führen. Hier ist es wichtig, darauf zu achten, wie die Gruppe nach der Werkstatt mit dem „Stehengelassenen" weiter arbeiten kann. In Betrieben bietet sich dafür eine anschließende Organisationsberatung an.

Literatur

Hildebrandt, E. (1992): Beschäftigten-Initiativen in einem Chemiebetrieb, in: Alter, G. u. a. (Hrsg.), Jahrbuch Ökologie 1992, München
Jungk, R.; Müllert, N. (1981): Zukunftswerkstätten, Hamburg
Jungk, R. (1988): Und Wasser bricht den Stein, München
Lutz, R. (1987): Ökopolis, München
Lutz, R. (Hrsg.) (1992): Innovationsökologie, München
Nitschke, Ch.; Littig, B. (1994): Die Zukunftswerkstatt als Lernmethode in der beruflichen Umweltbildung, in: Senator für Wissenschaft (Hrsg.), a. a. O., S. 97 - 169
Senator für Bildung und Wissenschaft (Hrsg.) (1994): Modellversuche an beruflichen Schulen, Bremen

Konrad Kutt

Juniorenfirmen und Umweltschutz

Einführung

Umweltschutz als Herausforderung der Betriebe

Kein Unternehmen kommt heute daran vorbei, Umweltschutz in das eigene Zielsystem aufzunehmen. *Umweltschutz als ganzheitliche, unternehmenskulturelle Herausforderung* leitet sich ab aus den Rahmenbedingungen staatlicher Ordnungspolitik, den betriebswirtschaftlichen Vorteilen durch Energie- und Stoffeinsparungen, der Realisierung von Wettbewerbsvorteilen und sonstigen Nutzenkonzepten sowie aus dem allgemein erweiterten Umweltbewußtsein. Der Weg dorthin freilich erfordert Lernen, Anpassung, Veränderung des Unternehmens und des Einzelnen, mitunter auch im Rahmen nicht eindeutiger, unsicher erscheinender und konkurrierender Ziele.

... und der Juniorenfirmen

Erfahrungen mit dem Handeln und Lernen im Umweltschutz

Umweltbildung setzt innovative Methoden voraus.

Was für ein „richtiges" Unternehmen gilt, kann für eine zu Ausbildungszwecken errichtete Juniorenfirma nicht falsch sein. Warum also sollten nicht bereits Auszubildende in ihren eigenverantwortlich betriebenen Juniorenfirmen erste Erfahrungen mit dem Handeln und Lernen im Umweltschutz machen? Diese Frage steht im Mittelpunkt des vorliegenden Beitrages. Allerdings kann der zweite Schritt nicht vor dem ersten gemacht werden, denn am Anfang steht zunächst einmal die Argumentation und Überzeugung für die Juniorenfirma als Methode. Sie beinhaltet wichtige Elemente einer auf Eigenverantwortlichkeit und Selbständigkeit sowie Handeln in realen, sinnhaften Bezugssystemen angelegten Berufsausbildung. Insofern kommt es darauf an, mit der Juniorenfirma überhaupt eine Innovation zu realisieren, die den erweiterten Qualifikationsbegriff methodisch konsequent umsetzt.

Zu dieser erweiterten Qualifikation gehören u. a. berufliche Handlungsfähigkeit bzw. Handlungsorientierung sowie Kommunikation und Kooperation als zentrale berufspädagogische Leitmotive. Ich werde aus einer anthropologisch-pädagogischen Sicht und einer organisationstheoretischen Sicht versuchen, den Begründungszusammenhang und die Notwendigkeit für die Juniorenfirmen-Methode darzulegen, gehe dann auf die Juniorenfirma im

Betrieb und in der Schule ein, um abschließend die Möglichkeiten der Integration von Zielen des Umweltschutzes in die Juniorenfirma zu diskutieren.

1. Handlungsorientiertes Lernen und tatsächliches Handeln in der Ernstsituation

Handlungsorientiertes Lernen ist in der Pädagogik keineswegs neu. Anspruch und Begriff der Handlungsorientierung gehen in ihrem anthropologischen Ursprung auf die Tatsache zurück, daß der Mensch als Mängelwesen geboren ist und nur als Handelnder in der Lage ist, biologisch und geistig zu überleben. Er ist darauf angewiesen, „durch tätige Auseinandersetzung mit der Umwelt, durch Handeln seine Mängelstruktur auszugleichen" (BUNK 1985). Die menschlichen Bedürfnisse nach Nahrung, Sicherheit, Anerkennung, Zuwendung, Kommunikation usw. sind nur durch eigenes Dazu-Tun zu befriedigen. Dieses Handeln muß „gelernt" werden, und zwar von klein auf bis ins hohe Alter. Dabei erfordern die sich ständig ändernden Arbeits- und Lebensbedingungen immer wieder neue Handlungen und Handlungsstrukturen, aus denen heraus neues Lernen, Um-Lernen und Ver-Lernen erwachsen. Bestes Beispiel hierfür sind die mit dem Um-Welt-Lernen der letzten Jahre verbundenen neuen Perspektiven, an denen das dreifach gestaffelte Interesse der Erziehungswissenschaften an der Handlungskompetenz deutlich wird:

handlungsorientiertes Lernen

- Die Lernenden sollen handlungsfähig werden und bleiben in einer zunehmend komplizierteren Um-Welt, mithin diese auch umwelt-verantwortlich zu gestalten in der Lage sein,

drei Ebenen handlungsorientierten Umweltlernens

- die Schüler und Auszubildenden lernen effektiver, wenn sie sich die umweltrelevanten Gegenstände handelnd erarbeiten können und nicht rezeptiven, sprach- und lehrerzentrierten Methoden ausgesetzt sind, und

- drittens versteht sich Pädagogik selbst als Handlungswissenschaft, denn die Tätigkeit des Ausbildens und Unterrichtens kann als kommunikatives Handeln bestimmt werden.

Konstitutiv für diese Handlungen in der natürlichen oder sozialen Umwelt, der betrieblichen wie unterrichtlichen Wirklichkeit, sind neben der Aktion (Erfahrung) die Reflexion (Denken) und der

Transfer (Übung), die klassische didaktische Trias. Sie wird hier um die Merkmale Wahrnehmung als Voraussetzung für unterscheidendes Handeln und Ergebnis, verstanden als sinnhaftes (umweltverträgliches) Produkt, ergänzt. Die Anfangsbuchstaben lassen sich zur symbolhaften Chiffre WARTE zusammenfassen.

WARTE

WARTE bringt einerseits die erweiterte Interpretation des Handlungsbegriffs sprachlich auf den Punkt, indem es zugleich einen scheinbaren Gegensatz zum Handeln, nämlich den des Wartens, suggeriert.

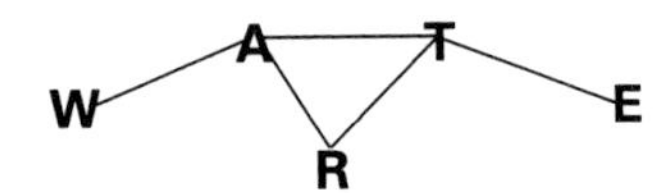

Am Anfang allen Lernens und Handelns steht die sinnliche und intellektuelle Wahrnehmung einer Situation, Aufgabe oder eines Problems. Ohne diese Wahrnehmung bliebe das Tun blinder Aktionismus. Die Aktion oder die Handlung i. e. S. steht hier auch für die Erfahrung, die jemand in einer bestimmten Situation macht. Dieses Handeln muß mit Vor- und Nachdenken (Reflexion) verbunden werden, gleichsam als theoretische Erklärung und Erkenntnis sowie als Voraussetzung für späteren Transfer. Am Ende des lernenden Handelns soll nach Möglichkeit ein Ergebnis stehen, entweder als sinnvolles, nützliches Produkt oder als dauerhafte (Verhaltens-)Änderung.

Handlungsorientierung vom Erfahrungslernen bis zur Juniorenfirmen-Methode

Handlungsorientiertes Lernen in diesem umfassenden Sinne zieht sich nicht nur wie ein roter Faden durch die individuelle Lerngeschichte des Einzelnen. Auch die Geschichte der Pädagogik befaßt sich seit Generationen mit der Handlungsorientierung und muß von den erzieherisch handelnden Personen immer wieder neu entdeckt werden: *vom Erfahrungslernen* bei Rousseau und der Konzeption Pestalozzis, in der die Arbeit der Menschenbildung dienen sollte, über Dewey, der das Learning by doing mit seinen Schülern erstmals als Projektmethode durchgeführt hat, über die von Kerschensteiner begründete Arbeitsschulbewegung bis zu der in den 70er Jahren in der beruflichen Bildung aufkommenden Projektmethode, der *Juniorenfirmen-Methode* oder neuerdings in der Umweltbildung präferierten und wiederentdeckten Methoden der Erkundung, der Exkursion, der Naturerfahrung, der Nutzung von Alltagssituationen usw.

Kerschensteiner hatte vor gut 90 Jahren gefordert, aus der vorherrschenden Buchschule müsse eine Arbeitsschule werden. Mit der Buchschule war eine Schule gemeint, „in der einseitig, verstandesgemäß, rezeptiv, lebensfern unterrichtet wurde, in der Wort und Buch vorherrschten, in der die Rolle des Lehrers eine dominante war, in der mechanische Methoden des Auswendiglernens bzw. Eindrillens das Feld beherrschten" (BUNK 1985). Die *Arbeitsschule* sollte das genaue Gegenteil bewirken. In ihr sollten manuelles Tun, Gefühl und Eigenständigkeit der Lernenden im Mittelpunkt stehen. Methoden der eigenen Erarbeitung sollten den Unterricht prägen.

Arbeitsschule

Arbeit, die diesen Anspruch zu erfüllen hatte, hatte nach Kerschensteiner bestimmte pädagogische Kriterien zu erfüllen. In der folgenden Übersicht werden die von Kerschensteiner verwendeten Begriffe der heute u. a. in der Umweltbildung verwendeten Terminologie gegenübergestellt.

Pädagogische Kriterien an die Arbeit nach Kerschensteiner	**Methodische Prinzipien moderner Berufsbildung**
Spontaneität	**Situationen nutzen**
Totalität	**Ganzheitlichkeit**
Betätigungsfreiheit	**Selbständigkeit**
Wachstumsbewußtsein	**Prozeßhaftigkeit/Geschichtlichkeit**
Selbstüberprüfungsmöglichkeit	**Selbstkontrolle**

Schaut man sich den Arbeits- oder Lernprozeß in der Arbeitsschulbewegung und in der modernen Berufsbildung an, kommt man zur folgenden Gegenüberstellung:

Arbeits- und Lernprozesse

Arbeits- und Lernprozeß der Arbeitsschulbewegung	**Arbeits- und Lernprozeß in der modernen Berufsbildung**
1. Setzung des Arbeitsziels **2. Aufsuchen der Arbeitsmittel** **3. Entwerfen eines Arbeitsweges** **4. Durchführung der einzelnen Arbeitsabschnitte** **5. Erfassung und Prüfung des Arbeitsergebnisses**	**1. Informieren** **2. Planen** **3. Entscheiden** **4. Ausführen** **5. Kontrollieren** **6. Auswerten/Übertragen**

Deutscher Bildungsrat

Überspringt man einige Etappen, die für die Frage der Handlungsorientierung bedeutsam sein könnten[1], kommt man unmittelbar zum *Deutschen Bildungsrat,* der in seiner „Empfehlung zur Verbesserung der Lehrlingsausbildung" (1969) festgestellt hat, die Lehrlinge würden nur mit ausführenden Tätigkeiten vertraut gemacht und es fehle die Übung in selbstverantwortlichem Entscheiden. Seine Forderung lautete deshalb: „Der während der Lehrzeit in Betrieb und Schule zu erteilende theoretische Unterricht hat den gesamten Zusammenhang der Ursachen und Wirkungen des beruflichen Handelns zu umfassen und zu ihrer kritischen Reflexion hinzuführen". Und in der Empfehlung der Bildungskommission zur „Neuordnung der Sekundarsufe II" (1974) heißt es in Anlehnung an Robinsohn, daß Qualifikationen „allgemeine Befähigungen für die Bewältigung von Lebenssituationen" seien und „der Lernerfolg nicht nur in nachgewiesenen Kenntnissen und Fertigkeiten besteht, sondern auch die Fähigkeit zu selbstverantwortetem Handeln im persönlichen, beruflichen und gesellschaftliche Bereich umfaßt" (zit. nach BUNK 1985).

Lernrelevanz der Handlung

Spannt man den Bogen von der Anthropologie über die Arbeitsschulbewegung und die Proklamationen der 60er und 70er Jahre, dann ist nach der pädagogischen Quintessenz zu fragen und nach Instrumenten zu suchen, die Handlungsorientierung in der beruflichen Bildung ermöglichen. Zusammenfassend läßt sich sagen, daß eine *Handlung dann lernrelevant* ist, „wenn sie spontan und aktiv auf eine Aufgabe – ein Problem – gerichtet ist, im Wahrnehmen die Phänomene differenziert, im Denken und Tun die Theorie und Praxis sowie die Planung und Ausführung vereinigt, Raum für ein mitveranwortliches Entscheiden läßt und die Selbstüberprüfung des Ergebnisses ermöglicht" (BUNK 1985, S. 24).

Juniorenfirma als reales Medium des Lernens

Die *Juniorenfirma als reales Medium des Lernens* ist in der Lage, diese Kriterien zu erfüllen, und läßt sich in der folgenden Gegenüberstellung den Methoden mit hoher Realitätsnähe zuordnen. Damit ist freilich noch nichts über Inhalte und Ziele, deren Komplexität und Taxonomie ausgesagt. Ebenso ist das Erfordernis von Kommunikation und Kooperation noch nicht thematisiert. Außerdem muß entschieden werden, wie z. B. Um-

1) Vgl. z. B. die Empfehlungen des Deutschen Ausschusses für das Erziehungs- und Bildungswesen im Jahre 1964.

weltschutz als handlungsrelevante Zieldimension in die Planung und Reflexion der Arbeits- und Lernprozesse einbezogen werden kann, sei es als Ressourcensparen oder qualitativ-korrekte Aufgabenerfüllung, sei es als umwelttechnologisches Fachwissen oder Verhaltens- und Wertorientierung.

Schaut man sich daraufhin die zur Verfügung stehenden methodischen Instrumente einmal an, kommt man entweder zu einer Zweiteilung in Wortorientierung und Handlungsorientierung oder, wenn man das Kriterium der Realitätsnähe anlegt, zu folgender Dreiteilung (STIEHL 1985):

Lernen an und in der Realität
- Learning by doing
- Produktionsausbildung
- Tag der Produktion, polytechnischer Unterricht
- Betriebspraktika
- Betriebserkundung
- Projektausbildung
- Experiment
- Juniorenfirma
- Alltagssituationen

Lernen an und in simulierten Umwelten
- Simulationsspiele
- Planspiele
- Rollenspiele
- Fallstudien
- Übungsfirma
- Experimentalunterricht

Lernen in und an symbolischen Umwelten
- Vortrag, Vorlesung
- Diskussion
- fragend-entwickelnder Unterricht
- sonstiges textgestütztes Lernen
- Leittexte

2. Kommunikation und Kooperation

Neben der Handlungsorientierung stelle ich eine weitere gemeinsame, übergreifende Herausforderung in den Mittelpunkt des Begründungszusammenhangs für die Etablierung der Juniorenfirma als ergänzende Methode und die in ihr wahrzunehmende Integration des Umweltschutzes. Dies ist die *Kommunikation und Kooperation* in komplexen Systemen, Unternehmen, Organisationen, Verwaltungen und Bildungseinrichtungen. Damit sind zugleich Kriterien für die Funktionstüchtigkeit von Netzwerken genannt und Fähigkeiten der Lehrenden in Schulen, Berufsschulen und von Ausbildern in Betrieben. Sie sind sowohl innerhalb der Lernorte als auch lernortübergreifend bedeutsam.

Kommunikation/ Kooperation

Gemeint ist dabei die *Kooperation als Lernziel,* als Methode, als selbstverständlicher Arbeitsinhalt und Teil einer gelebten Organisationskultur. Kommunikation und Kooperation müssen sich zunächst einmal innerhalb der Organisation erfüllen, bevor sie institutionsübergreifend zur Geltung gebracht werden können. „Das Zusammenwirken der Lehrer verschiedener Fächer mit Ausbildern schafft ein facettenreiches und realistisches Bild anzueignender Gegenstände. Es setzt in den jeweiligen Institutionen selbst Kooperation in horizontaler und vertikaler Richtung voraus" (PÄTZOLD 1994, S. 116). Eine Kooperation in diesem Sinne erstreckt sich nicht allein auf das durch formale Regeln gebotene Maß oder erschöpft sich nicht im gelegentlichen Telefonieren des Lehrers mit dem Ausbilder, z. B. wegen auftretender Schwierigkeiten eines Schülers.

Kooperation als Lernziel

Als Beleg für die betriebliche Notwendigkeit verbesserter Kooperationsbeziehungen kann exemplarisch auf die Begründung von DOPPLER/LAUTERBURG (1994) zurückgegriffen werden, die vom *Quantensprung ins dritte Jahrtausend* sprechen. Sie meinen damit den „radikalen strukturellen Umbruch" der Unternehmen und Organisationen, die sich wegbewegen „von der klassischen, auf Arbeitsteilung und Hierarchie beruhenden Organisation hin zu einem Netzwerk selbständiger, hochintegrierter und im operativen Bereich selbständiger Betriebe und Gruppen" (DOPPLER/ LAUTERBURG 1994, S. 45). Diese Beschreibung ließe sich sinngemäß auf Schulen und Bildungszentren übertragen.

Quantensprung ins dritte Jahrtausend

Der Wandel von der hierarchisch-arbeitsteiligen Organisation zur *Netzwerk-Organisation* ist gekennzeichnet durch flache Hierarchien, hohe Selbständigkeit und Vielfalt der unterschiedlichen Organisationseinheiten, rasche Reaktionsfähigkeit auf Veränderungen und Flexibilisierungen.

Netzwerk-Organisation

Ein darauf bezogenes Strukturprinzip der Aufgabenerfüllung orientiert sich an Prozessen, die neue Prozeßketten mit Verzweigungen und Schaltstellen bilden, an die die Informationsströme und Entscheidungen gekoppelt werden. Projektorganisation, in der sich das in der Natur bewährte Prinzip des Netzwerks wiederfindet, wird im Vergleich zur Linienorganisation immer wichtiger.

Für das Funktionieren dieser neuen Organisation wird eine offene, lebendige Kommunikation und Kooperation als Alternative zur straffen hierarchischen Gliederung für erforderlich gehalten, zumal die „formale Organisation grundsätzlich nicht in der Lage (ist), das Maß an direkter und persönlicher Kommunikation sicherzustellen, das in Zeiten lebhafter Veränderungen im Unternehmen notwendig ist" (DOPPLER/LAUTERBURG 1994, S. 50). Welche Konsequenzen ergeben sich daraus für die Qualifikation und die Bildungsorganisation?

vier Schlüsselfaktoren

DOPPLER und LAUTERBURG (1994, S. 48 f) nennen u. a. *vier Schlüsselfaktoren* oder Schlüsselqualifikationen, die eine „veränderungsfreundliche Unternehmenskultur" auszeichnen:

kreative Unruhe

- *Kreative Unruhe,* Pioniergeist, Experimentierfreude. Sie sind auf allen Stufen unabdingbar. Der Zustand der Unternehmen ist Unruhe, deshalb ist kreative Unruhe die erste Mitarbeiterpflicht.

Konfliktfähigkeit

- *Konfliktfähigkeit* als „konstruktive Streitkultur". Sie wird zum Erfolgsfaktor, denn natürlich prallen unterschiedliche Meinungen, Interessen und Bedürfnisse aufeinander, die es frühzeitig zu orten, nicht zu verdrängen und als „soziale Normalität" auszutragen und auszuhalten gilt.

Zusammengehörigkeitsgefühl

- *Zusammengehörigkeitsgefühl.* Der Wunsch nach Geborgenheit, Sicherheit und Akzeptanz als ein Grundbedürfnis des Menschen kann auch innerhalb von Organisationen und Gruppen befriedigt und als Wir-Gefühl produktiv nutzbar gemacht werden.

Sinnvermittlung

- *Sinnvermittlung.* Die Sinnhaftigkeit des Handelns ist ein weiterer Schlüssel zum Erfolg, erscheint allerdings in einer wertepluralistischen Gesellschaft besonders schwierig. Aber je klarer dem einzelnen ist, welchem höheren Sinn seine Arbeit dient, welchen Beitrag er zum gemeinsamen Ganzen leistet, desto eher ist er bereit, seine Arbeit nicht einfach nur gut zu machen, sondern sich zusätzlich zu engagieren, um eines Tages die richtigen Dinge zu machen und nicht nur die Dinge richtig zu machen.

Diese Schlüsselfaktoren zu fördern, ist eine Aufgabe der Ausbildung und der gesamten Führung, die auch dafür zu sorgen hat, daß die Fähigkeit zur (informellen) Kommunikation und Kooperation, persönliches Engagement und unternehmerisches Denken und Handeln konsequent belohnt werden. Die genannten Schlüsselfaktoren sind aus der Organisationstheorie seit langem bekannt und werden zunehmend auf neuere Managementkonzepte bezogen. Sie ähneln den *Schlüsselqualifikationen,* die in der berufspädagogischen Diskussion seit langem große Bedeutung haben: Kommunikations- und Kooperationsfähigkeit, Konfliktfähigkeit, Engagement und Motivation, Sinnhaftigkeit des Lernens, Selbständigkeit, Gemeinschaftsgefühl, Kreativität usw.

Schlüsselqualifikationen

Wo also ist das Problem?

Wo ist das Problem?

Verleitet die Umweltbildung zum zweiten oder dritten Schritt, ohne daß der erste Schritt einer breiten und konsequenten Umsetzung der beiden dargestellten Handlungsstränge getan wurde? Oder mangelt es etwa an geeigneten Methoden der Realisierung?

Zu klären ist, welche Methoden geeignet sind, die dargestellten Handlungsstränge realisieren zu können. Eine Möglichkeit stellt die Juniorenfirma dar. Sie kann die geschilderten Ansprüche zwischen berufspädagogisch intendiertem, realem Handeln (Handlungsorientierung) und der Steigerung der Kommunikations- und Kooperationsfähigkeit in bestimmten Bereichen am ehesten erfüllen, ohne zugleich neue organisatorische oder finanzielle Probleme entstehen zu lassen. Der erste Schritt ist also mit der Einrichtung von Juniorenfirmen verbunden, der zweite Schritt würde dann folgerichtig den ökologischen Umbau der Juniorenfirmen thematisieren oder auch von Anfang an „ökologisch orientierte Juniorenfirmen" anstreben. Das *Problem* besteht also nicht im prinzipiellen Mangel an Methoden, sondern im Transfer, in der breiten Umsetzung, in der Bereitschaft zum Wandel und zu dessen – auch mit Risiken verbundenen – verantwortlicher Gestaltung.

Methode und Inhalt

3. Juniorenfirma

Im folgenden beschreibe ich die Juniorenfirma, wie sie als Ergänzungsmethode zur betrieblichen kaufmännischen Ausbildung entwickelt wurde. Sodann gehe ich auf Weiterentwicklungen der Juniorenfirma im schulischen Bereich ein. Abschließend werde ich Thesen für einen ökologischen Umbau formulieren. Hintergrund der Ausführungen ist die Tatsache, daß sich die ökologische Orientierung zwar schon in einigen Juniorenfirmen durchgesetzt hat und bereits exemplarisch im Rahmen eines laufenden Modellversuchs verwirklicht werden konnte.[2] In breiterem Umfang wurde sie aber weder erprobt noch wissenschaftlich ausgewertet.

ökologisch orientierte Junioren – kaum erprobt

Die Juniorenfirma wurde im Rahmen eines BIBB-Modellversuchs in den Jahren 1983 - 1986 als Ergänzungsmethode zur kaufmännischen betrieblichen Ausbildung erfolgreich erprobt. Die Juniorenfirma ist eine von Auszubildenden oder Schülern eigenverantwortlich gegründete und betriebene *Miniaturfirma* mit realem Geschäftsbetrieb, realen Waren, Geld, Konten, Verhandlungen, Erfolgen und Mißerfolgen. Sie erfüllt fast alle Kriterien eines selbständigen, entscheidungsorientierten, realen, kommunikativen und kooperativen Lernens. Sie ist nicht nur handlungs"orientiert", sondern in ihr werden die Auswirkungen des tatsächlichen Handelns erfahrbar (FIX 1989). Die Auszubildenden entwickeln für die Juniorenfirma ein eigenes Organigramm mit Funktionsstellen. Nach Möglichkeit sollten alle betrieblichen kaufmännischen Funktionsbereiche abgedeckt werden. Von Fall zu Fall müssen dabei Zuständigkeiten, Leitungsfunktionen (Azubi oder Ausbilder, Rotation), Stellenpläne, Besetzungen der einzelnen Stellen entschieden werden. Kooperative Entscheidungsformen können eingeübt werden, aber es gibt notwendigerweise auch Auseinandersetzungen, wenn z. B. Führungspositionen extensiv ausgelegt werden. Die Juniorenfirma ist in der Regel rechtlich nicht selbständig, sondern geht

Modellversuch „Juniorenfirma"

Ziele und Aufbau der Juniorenfirmen

---

2) Im Rahmen des von den Hamburgischen Electricitätswerken AG (HEW) durchgeführten, vom BIBB fachlich betreuten Modellversuchs „Umweltschutz als integraler Bestandteil der Berufsausbildung" (1992-95) wurde u. a. eine ökologisch orientierte Juniorenfirma (Himmel – Erde – Wasser) gegründet. Ein Erfahrungsbericht und vorläufiger Leitfaden zur Gründung einer ökologisch orientierten Juniorenfirma liegt vor (SCHWITTERS 1996).

unter dem Dach des Ausbildungsbetriebes Rechtsverpflichtungen ein. Waren oder Dienstleistungen werden hergestellt, beschafft, verkauft und verrechnet.

Bezugsquellen sind der Betrieb, die Ausbildungswerkstatt, überbetriebliche Ausbildungswerkstätten oder externe Zulieferer. Mögliche Absatzmärkte für Produkte und Dienstleistungen sind der Belegschaftsverkauf, die Verrechnung und Abwicklung innerbetrieblicher, produktiver Aufträge und andere Juniorenfirmen. Wie in jedem Betrieb müssen hierbei verschiedenste Entscheidungen getroffen, Abstimmungs- und Kooperationsprobleme mit Zulieferern, aber auch innerhalb der Juniorenfirma und zwischen den Auszubildenden untereinander, erkannt und gelöst werden. Dies gilt vor allem für den organisatorischen Aufbau und Ablauf, die Produktauswahl und Qualitätssicherung, Marketing und Werbung, Informationsbeschaffung, Planung, Terminierung und Kalkulation. Die Produktpalette reicht von hochwertigen Werkzeugen, Schraubstöcken, Bohrständern, schmiedeeisernen Gartentoren bis zu Geschenk- und Schmuckartikeln aus Holz, Glas und Papier.

(ökologische) Produktauswahl und Aktionsfelder

Dabei bestimmt weitgehend die Branche des Ausbildungsbetriebes das Aktionsfeld der Auszubildenden. Wenn Auszubildende eines mittelständischen Industriebetriebes den Kantinenbetrieb „managen“, ist dies eher ungewöhnlich. Trotzdem können auch hierbei eine Reihe wichtiger fachlicher und überfachlicher Qualifikationen erworben werden. Im Kaufhaus betreiben zum Beispiel die Auszubildenden eine eigene Jugendboutique. Im Einzelhandel übernehmen sie eine Filiale. In der Bank wird eine Juniorbank mit eigenem Schalter speziell für die Konsumenten-Zielgruppe „Jugendliche“ eingerichtet. In einem Spieleverlag wurde von Auszubildenden ein Brettspiel zur Prüfungsvorbereitung entwickelt und verkauft. Bei Taylorix gibt es Lernsoftware und gebrauchte Disketten, bei Carl Zeiss Prismen, Mikroskop-Nachbauten und Uhrmacherschraubendreher, die sich verkaufen lassen.

Teilzeitmodell

Vollzeitmodell

Es gibt zwei Varianten:
Entweder sind die Auszubildenden über einen Zeitraum von einem bis anderthalb Jahren *(Teilzeitmodell)* jeweils einen halben Tag in der Woche in der Juniorenfirma tätig oder drei Monate ihrer gesamten Ausbildungszeit *(Vollzeitmodell)*, zumeist zu Beginn des zweiten Ausbildungsjahres.

Die meisten *Juniorenfirmen sind auf Dauer* angelegt, d. h., sie werden von den nachfolgenden Auszubildenden-Generationen fortgeführt. Dazu sind Auswahl- und Übernahmeverhandlungen sowie eine Einführung in die Aufgaben und Arbeitsplätze der Juniorenfirma erforderlich. Ein Auswahl-Problem kann dadurch entstehen, daß die Teilnahme an der Juniorenfirma freiwillig erfolgt und/oder aus Kapazitätsgründen nicht alle Auszubildenden teilnehmen können. Dann besteht z. B. die Gefahr, daß – auch wenn die Auszubildenden hier Mitbestimmungsmöglichkeiten haben – nur die jeweils Besten ausgewählt werden.

Juniorenfirmen auf Dauer

Intervokationelles Lernen und damit *berufsübergreifende Kooperationen* sind systematisch angelegt, wenn – was in mehreren Juniorenfirmen der Fall ist – kaufmännische und gewerbliche Auszubildende zusammenarbeiten. Außerdem werden Kooperationsbeziehungen zu den Fachabteilungen des Betriebes hergestellt, die das Erkennen von Zusammenhängen und eine spätere Integration erleichtern.

berufsübergreifende Kooperationen

Zu den *wichtigsten und interessantesten Aufgaben, die die Auszubildenden in der Juniorenfirma zu lösen haben,* gehören die Produktfindung, das Marketing, das ständige Anpassen und Verändern des Sortiments. Dabei müssen wirtschaftliche, technische, ökologische und insgesamt natürlich ausbildungsrelevante Aspekte und Werte berücksichtigt werden. Die Frage heißt nicht nur „Womit erzielen wir den größten Umsatz und Ertrag und wie halten wir den Aufwand möglichst klein?", sondern berücksichtigt werden muß auch die Frage „Womit lernen wir als gewerbliche und kaufmännische Auszubildende am meisten?". Folglich konkurriert in der Juniorenfirma der Ausbildungswert mit der Umsatz- und Ertragsorientierung sowie mit dem Veränderungswert, die miteinander in Einklang gebracht werden müssen. So kann z. B. der Ausbildungswert durch zu viel Routine, durch die Überbetonung des Geschäftssinns oder durch eine zu geringe Veränderungsbereitschaft beeinträchtigt werden.

wichtigste und interessanteste Aufgaben der Auszubildenden

Zielkonflikte

Aufgrund der Mitarbeit in der Juniorenfirma lernen Auszubildende auch Kreativitäts- und Arbeitstechniken sowie Präsentationsformen kennen. Sie entwickeln dabei eine beachtliche didaktische Reflexionsfähigkeit. Wenn sich beispielsweise eine neu gegründete Juniorenfirma der Geschäftsleitung des Betriebes vorstellen will, dann muß sie auch Aussagen über Arbeits- und

Methodenreflexion

Lernmethoden machen. Dieses Nachdenken über das Lernen führt schließlich auch zur selbst gestalteten Verbesserung der Lernwege.

neue Anforderungen an Ausbilder

Für den verantwortlichen Ausbilder ergeben sich *neue Anforderungen,* vor allem hinsichtlich der außerfachlichen Qualifikationen, Moderationskenntnisse, des Führungsstils, der Delegations- und Risikobereitschaft, des situationsspezifischen Rollenverhaltens sowie der Prozeßkompetenz mit der Fähigkeit, Gruppen- und Lernprozesse zu initiieren und zu steuern. Die zeitliche Betreuungsintensität ist schwankend. Realistisch ist aber zumindest in der Anfangsphase von einem höheren Betreuungsaufwand auszugehen, trotz und gerade wegen der angestrebten Selbständigkeit der Auszubildenden.

Steigerung der Arbeits- und Lernmotivation

Entwicklung sozialer und kommunikativer Fähigkeiten

Alle acht Betriebe des Modellversuchs in den Jahren 1983 bis 1986 haben die Juniorenfirma bis auf den heutigen Tag weitergeführt. Mindestens 32 Juniorenfirmen gibt es zur Zeit. Sie treffen sich jährlich zu einer Juniorenfirmen-Messe. Heute steht die Juniorenfirma als Chiffre für eine bestimmte Form der realen Projektausbildung im kaufmännischen Bereich generell. Sie ist Lehrwerkstatt des Kaufmanns und kann als Lerninsel für „high-potentials" genutzt werden. Die Ergebnisse zeigen, daß nachweisbare Erfolge erzielt werden. Zu den wichtigsten Erfolgen zählt die *Steigerung der Arbeits- und Lernmotivation* der Auszubildenden. Ausschlaggebend hierfür ist die Selbststeuerung im Lernen und Handeln, die Steigerung des Selbstwertgefühls und im fachlichen Bereich der Erwerb von Zusammenhangwissen. Die Mitarbeit wirkt sich positiv auf die *Entwicklung sozialer und kommunikativer Fähigkeiten* aus. Kreativitäts- und Visualisierungstechniken sowie vielfältige Präsentationen der eigenen Arbeit haben diesen Effekt verstärkt. Aber auch immanente Konflikte bleiben in der Juniorenfirma nicht aus, denn einflußnehmendes, kritisches, selbstsicheres Verhalten kann zu Spannungen führen, z. B. in der Auszubildenden-Gruppe oder der Berufsschule und selbst in Fachabteilungen des eigenen Betriebes, die sich mitunter schwertun mit der neuen Selbständigkeit der Auszubildenden.

Die Juniorenfirma kann alles in allem einen Beitrag leisten, den Einsatz in den Fachabteilungen vorzubereiten und zu effektivieren. Sie versteht sich schon deshalb als *Ergänzung zur arbeits-*

platzbezogenen Fachausbildung, sie verbessert die Zusammenarbeit innerhalb des Betriebes, weil schon frühzeitig die Zusammenarbeit über die Berufs- und Funktionsgrenzen hinweg praktiziert wird. Die Juniorenfirma fördert die Persönlichkeitsbildung im Sinne eines mündigen, selbstbewußten kaufmännischen Mitarbeiters, der gestaltend Einfluß nehmen kann in der Arbeitssituation, aber auch bei der Verwirklichung eigener Bildungs- und Lebensziele.

Juniorenfirma als Ergänzung zur arbeitsplatzbezogenen Fachausbildung

4. Juniorenfirma in der Schule

Die geschilderten Erfahrungen gelten zunächst für die betriebliche Ausbildung. Läßt sich die Juniorenfirma auf Schulen übertragen?, fragten schon BRODERSEN (1985) und MILLER (1990). Dabei beziehen sie sich zunächst auf die in Amerika seit mehr als siebzig Jahren bestehenden *Junior-Achievement-Companies,* von denen es über 8.000 mit 200.000 High-School-Schülern gibt. Die Schüler sollen dort Gelegenheit bekommen, das amerikanische Wirtschaftssystem verstehen zu lernen, indem sie selbst ihre eigenen Firmen gründen und betreiben. Es handelt sich also um eine allgemeine Wirtschaftserziehung, nicht um eine berufliche Qualifizierung. Veranstalter ist nicht die Schule selbst, sondern eine Dachorganisation, die den Schülern Betreuer und Berater aus der Geschäftswelt und Patenbetriebe vermittelt.

Junior-Achievement-Companies

Die 15-20 Schüler in jeder Firma verkaufen Aktien im Werte von je 1 US $, um das benötigte Startkapital zu erhalten. Sie stellen selbst Produkte her oder bieten Dienstleistungen an, die sie auf dem freien Markt verkaufen. Sie treffen Entscheidungen, stellen einen Prototyp des Produkts her und später, an einem Produktionstag, beteiligen sich alle Schüler an der Herstellung, dem Bedrucken von T-Shirts, Halstüchern usw., führen Buch über Einnahmen und Ausgaben. Am Ende des Schuljahres wird die Firma aufgelöst und das Startkapital an die Aktionäre, wenn möglich mit Dividende, zurückgezahlt. Seit dem Schuljahr 1979/80 werden auch im Rahmen des American Industry Projekts z. T. verbindliche Kurse angeboten, die der Berufswahl und der Werbung für Industrieberufe dienen, in denen ebenfalls Miniaturfirmen angeboten werden.

Die erste *schulische Juniorenfirma* in Deutschland wurde 1987 an der *Constantin-Vanotti-Schule* in Überlingen eingerichtet

schulische Juniorenfirma

(PROJEKTGRUPPE 1994), sieht man einmal davon ab, daß es reale Projekte wie Schülerzeitungen oder Verkauf an Kiosken schon lange vorher gegeben hat, denen es lediglich an der konsequenten Durchdringung der damit verbundenen kaufmännischen Elemente, wie Kalkulation, Buchhaltung, Erstellung einer Bilanz, gemangelt hat. Hier fehlte noch das Bewußtsein, daß die Schüler ein kleines Wirtschaftsunternehmen führten.[3] In Überlingen begann man mit einer freiwilligen Arbeitsgemeinschaft von ca. 15 Schülern des Wirtschaftsgymnasiums. Das Startkapital wurde durch Spenden der regional ansässigen Wirtschaft aufgebracht. Man traf sich einmal in der Woche nachmittags und wickelte die Geschäfte ab: Verkauf von Heften, Blöcken, Stiften, Textmarkern. Im Dienstleistungbereich: Organisation einer Discoveranstaltung, Konzertreisen, Klassenfotos. Gemeinsam mit einem Marketingexperten wurde für den Wirtschaftsverbund Überlingen eine Marktanalyse durchgeführt, um das Image der Stadt als Einkaufs-, Gastronomie- und Touristenort zu ergründen.

Mit Beginn des Schuljahres 1993/94 hat sich das Konzept geändert. Ziel war es, mehr Schüler aller Schularten zu beteiligen, ohne gleichzeitig die Juniorenfirmen personell aufzublähen. Die Lösung fand man in einer Projektgruppe. Sie hat die Aufgabe, Projekte auszuschreiben, Projektgruppen zu konstituieren und zu betreuen. Die Mitarbeit in den Projektgruppen läuft auf freiwilliger Basis außerhalb des Unterrichts.

Folgende Projekte sind bereits realisiert worden: Start in die Praxis (Befragung von Ausbildungsbetrieben über Einstellungsvoraussetzungen für kaufmännische Ausbildungsberufe), Erstellung von Prüfungsdisketten, Skipool/Skiverleih, Schüler helfen Schülern (Nachhilfebörse), Schullogo und Schulslogan (Kreativitätswettbewerb).

---

3) Bereits 1796/97 wurde in einer kaufmännischen Erziehungsanstalt von G. H. Buse eine Klasse eingerichtet, zu der folgende Beschreibung überliefert ist: „Zur näheren practischen Vorbereitung der Zöglinge zu ihren künftigen Geschäften hat die Anstalt einen kleinen, theils für die Zöglinge selbst, mit den nöthigen Bedürfnissen derselben, theils auch für Fremde mit selbst verfertigten Zeichnungen, Landkarten, Paparbeiten usw. eröffnet, welcher von den Zöglingen der 2ten Classe, jedoch mit der nöthigen Aufsicht und Anleitung verwaltet wird". Zitiert nach Karlheinz Korbmacher. In: Franz-Josef Kaiser (Hrsg.): Handlungsorientiertes Lernen in kaufmännischen Berufsschulen. Bad Heilbrunn 1987. S. 392.

4.1 JUNIOR

Projekt JUNIOR

Mit Beginn des Schuljahres 1994 ist das *Projekt JUNIOR* (Junge Unternehmer Initiieren, Organisieren, Realisieren) in Berufsschulen und Gymnasien in Magdeburg, Halle und Dessau angelaufen. Durchgeführt wird dieses Pilotprojekt vom Institut der deutschen Wirtschaft in Zusammenarbeit mit der Wirtschaftsförderungsgesellschaft und mit Unterstützung des Kultusministeriums des Landes Sachsen-Anhalt, materiell und durch Beratung gefördert durch die Dresdner Bank.[4]

Ähnlich wie bei den amerikanischen Junior-Achievement-Companies gründen die Schüler ihre Miniaturunternehmen, kümmern sich um Kapitalbeschaffung, entwickeln Geschäftsideen, z. B. Software, Schülerradio, Werbeagentur, Schülerzeitung, Catering, Dog-Sitting, T-Shirt-Druck). Die Beratung erfolgt durch Lehrer und Ratgeber der örtlichen Wirtschaft. Die Unternehmen sind auf ein Jahr begrenzt und werden dann von den Schülern wieder aufgelöst.

Wie einer Pressemeldung des JUNIOR-Projekts zur Halbjahrespräsentation am 7. März 1995 zu entnehmen war, wurde diese Methode von allen Beteiligten, u. a. von den rund 100 beteiligten Schülern, sehr positiv beurteilt. „Die Pilotphase von JUNIOR endet mit dem Schuljahr 1994/95. Schon jetzt wird aber deutlich, daß aufgrund der bisherigen großen Resonanz und ermutigt durch die Begeisterung der Schüler das Projekt fortgeführt wird – mit neuen Miniunternehmen ... damit möglichst viele Schüler einen ersten Einblick in das Wirtschaftsleben erhalten."

4.2 Kooperative Juniorenfirma

Junior Trading Künzelsau GmbH (JTK)

Seit 1992 gibt es auch eine kooperative Juniorenfirma: die *„Junior Trading Künzelsau GmbH (JTK)"*, in der die kaufmännische Schule Künzelsau sowie vier Unternehmen (Firma Bürkert, Stahl, Ziehl-Abegg und die Sparkasse des Hohenlohekreises) per Gesellschaftervertrag zusammengeschlossen sind (HILT 1994). Geleitet wird die JTK von zwei betrieblichen Managern und einem Lehrer, Geschäftsführer ist der Schulleiter. Das Stamm-

---

4) Zitiert aus einer Projektbeschreibung (Aug. 1994) des Instituts der deutschen Wirtschaft. Projektleitung Frau Marion Hüchtermann. Gustav-Heinemann-Ufer 84-88, 50968 Köln.

kapital beträgt 51.000,- DM. Die Mitarbeiter sind sowohl Auszubildende des Berufes Industriekaufmann/-frau bzw. Bankkaufmann/-frau (ca. 12) als auch Vollzeitschüler aus der Wirtschaftsschule Künzelsau (ca. 4). Die Junioren sind 6 Monate lang einen halben Tag pro Woche in der Juniorenfirma. Die pädagogischen Ziele sind ähnlich wie bei den anderen Juniorenfirmen, hinzukommen noch soziale Aspekte und ausdrücklich auch Umweltgesichtspunkte. Die Produkte sind Holzartikel aus Behindertenwerkstätten, Geschenkartikel, Schreibwaren überwiegend aus umweltfreundlichen Materialien. Verkauft wird in einem Verkaufsraum in der Schule während der Pausen, bei Verkaufsaktionen in den beteiligten Firmen, auf Weihnachtsmärkten usw. „Die Kooperation von Ausbildungsbetrieben und Schule in einer Juniorenfirma schafft eine neue Qualität dualer Zusammenarbeit. Erfahrene Praktiker der beteiligten Ausbildungsbetriebe und Lehrer betreuen die Junioren bei ihrer Arbeit. Lehrern und Praktikern bietet die gemeinsame Tätigkeit in der Juniorenfirma die Möglichkeit zum beruflichen Erfahrungsaustausch." (HILT 1994).

5. Ökologisch orientierte Juniorenfirmen

Aspekte des Umweltschutzes

Die Juniorenfirma als Ergänzungsmethode zur kaufmännischen Berufsbildung hat sich vielfach bewährt und konnte über den Ausgangsmodellversuch hinaus auf andere Betriebe und Bildungseinrichtungen übertragen werden. Seit 1994 haben sich verschiedene Stellen und Einzelpersonen bemüht, *Aspekte des Umweltschutzes* in die Juniorenfirma zu integrieren. Dieser Ansatz einer innovativen Weiterentwicklung im Hinblick auf ökologisch orientierte Juniorenfirmen sollte ursprünglich in einem eigenständigen Modellversuch erprobt und umgesetzt werden. Leider ist es trotz mehrerer erfolgversprechender Anläufe bisher nicht gelungen, ein derartiges Projekt zu realisieren. Allein in einem bei den Hamburgischen Electricitätswerken durchgeführten Modellversuch zum Thema „Umweltschutz als integraler Bestandteil der Berufsausbildung" konnte in einem Einzelfall eine ökologisch orientierte Juniorenfirma aufgebaut werden.[5]

HEW und eine „ökologisch orientierte Juniorenfirma"

Bereits bestehende Juniorenfirmen, die in der Arbeitsgemeinschaft der Juniorenfirmen zusammengeschlossen sind, haben ebenfalls Aspekte des Umweltschutzes aufgenommen, z. B. durch Recycling von Druckerpapier, Aufarbeitung und Vertrieb

---

5) Vgl. BIBB: „Leitfaden zur Gründung ökologisch orientierter Juniorenfirmen".

gebrauchter Computer und Disketten, umweltfreundliche Büromaterialien. Die ersten „Erfolge" konnten auf der 11. Juniorenfirmenmesse im Oktober 1994 in Berlin präsentiert werden, bei der zum ersten Mal die Umweltorientierung in den Mittelpunkt gestellt wurde. Exemplarisch für viele Einschätzungen kann der Bericht des Vertreters der IHK Berlin gewertet werden:

„Daß die Verbesserung der Lernmotivation seitens der Auszubildenden durch die Mitarbeit in den Juniorenfirmen gesteigert wird, ist eine gesicherte Erkenntnis des praxisorientierten Modellversuchs ‚Juniorenfirmen', der in noch mehr Branchen und Unternehmen Eingang finden sollte." (Berliner Wirtschaft, 1994).

Insgesamt sind die Erfahrungen mit ökologisch orientierten Juniorenfirmen gering. Vieles spricht dafür, die Juniorenfirma als eine geradezu ideale Methode zu nutzen, Umweltschutz und Umweltbildung in die kaufmännische Berufsausbildung zu integrieren, berufsübergreifendes bzw. interdisziplinäres, vernetztes Lernen zu ermöglichen. So lassen sich die meisten der von NITSCHKE (1995) skizzierten 13 Kriterien für eine „gelungene Umweltbildung" auf die Juniorenfirma übertragen, z. B.: Einsatz vielfältiger Methoden, bewußte Beachtung der sozialen Qualität, Verschaffung nachhaltiger Erfahrungen, Erkundung von konkreten Problemsituationen und Handlungsmöglichkeiten „vor Ort", tatsächliches Handeln und Rückkoppelung für das eigene Handeln, öffentliche Anerkennung, Verbindlichkeit.

Als Methode bringt die Juniorenfirma beste Voraussetzungen für eine gute Umweltbildung.

Neben der didaktisch-methodischen Argumentation (Ausbildungswert) haben wir es in den Juniorenfirmen auch mit einer betrieblich-rationalen Argumentation zu tun, und in dieser Hinsicht dürften sie sich kaum von anderen „richtigen" Firmen unterscheiden, für die etwa aufgrund der Öko-Audit-Verordnung ebenfalls die Frage eines umweltorientierten Managements aktuell wird.

In bezug auf ein umweltorientiertes Ausbildungs-Management könnte man *drei Reaktionsmuster* unterscheiden, auf die man bei einer Implementation der ökologisch orientierten Juniorenfirmen stoßen dürfte:

1. eine defensiv-ablehnende Haltung,
2. eine reaktive, eher defensive Haltung und
3. eine offensiv-zustimmende Haltung.

drei Reaktionsmuster des Ausbildungsmanagements

Die drei möglichen Verhaltensmuster des Ausbildungsmanagements werden in Stichworten skizziert:
Wie ein offensiv-umweltorientiertes Management in der Juniorenfirma selbst aussehen könnte, ist mit einigen Kriterien unter 4. Umweltmanagement in der Juniorenfirma ausgewiesen. Abschließend werden unter 5. einige Hinweise für die Implementation gegeben, d. h. für die Frage, wie bestehende Juniorenfirmen umgestaltet und neue, ökologisch orientierte Juniorenfirmen gegründet werden könnten.

defensiv-ablehnend

1. Defensiv-ablehnendes Verhaltensmuster:

- Verzögerung oder Nichterfüllung ausbildungsrechtlicher Auflagen
  Argument: fachliche Überforderung, Unkenntnis
- Klagen über staatliche Auflagen und Bürokratie
- Verweis auf vorausgegangene Schulformen, Aufgabe der Berufsschule
- Sanktionen müssen nicht befürchtet werden, faktisch keine Überprüfbarkeit
  Argument: Gefahr für Ausbildungsplätze

reaktiv, eher defensiv

2. Reaktiv, eher defensiv

- Handeln unter Vollzugsdruck
- Erfüllung der Mindestanforderungen durch formale Anpassung
- kurzfristiges Reagieren im Bedarfs-/Problemfall
- Kurieren an Symptomen
- keine vorausschauende Planung
- Ökonomisierung der Ökologie durch Einspareffekte: Ressourcen, Energie, Transport, Abfall usw.
  End-of-the-pipe-Qualifikation

offensiv-zustimmend

3. Offensiv-zustimmend

- Nutzung aller denkbaren Vorteile umweltorientierten Verhaltens, qualitativ besonders anspruchsvolle, facettenreiche Ausbildung (analog zur handwerklich-fachlich korrekten Arbeit und zu „kein Pfusch am Bau")
- Instrumentalisierung der Umweltbildung zur langfristigen Qualifikationssteigerung (analog zum Prinzip der Langlebigkeit von Produkten)
- durchgängige Integration der Umweltorientierung in das gesamte Ausbildungswesen

o umweltorientierte Ausbildung als Teil eines unternehmenskulturellen Selbstverständnisses
o kostenwirksame freiwillige Umweltbildungsmaßnahmen
o Übererfüllung aktueller Umweltbildungsanforderungen
o zukunftsorientiertes Qualifikationsverständnis
öffentliche Beteiligung und Einflußnahme

4. Umweltmanagement in der Juniorenfirma offensiv-zustimmend

Umwelt-management in der Juniorenfirma offensiv-zustimmend

o Verständigung über „Umweltschutz"
o Verbesserung der Produkte (umweltschonend, langlebig, gesund, sicher, wiederverwertbar)
o Reduzierung von Verpackung
o Lösung von Umweltproblemen des Betriebes
o Umweltorientierte Verkaufsförderung und Beratung
o Umweltbewußte Transportwege und Logistik
o Wahl umweltfreundlicher Produktionsverfahren in der Ausbildungswerkstatt (Material, Energie, Wasser, Boden, Luft, Abfälle)
o umweltbewußte Büro-Ausstattung, Abfalltrennung
o Umweltinformationssystem und -weiterbildung
o Entwicklung von Umwelt-Leitlinien für die Juniorenfirma Unternehmensphilosophie

5. Wie gelangt man zur ökologisch orientierten Juniorenfirma?
Umbau der bestehenden Juniorenfirmen:

Umbau der bestehenden Juniorenfirmen

o Alltagssituationen nutzen
o Steuerung durch Ausbilder
o Postkorb-Methode
o „BAUM" für Juniorenfirmen
o Wettbewerbe und Anreize
o schrittweises Vorgehen, Widersprüche erkennen
o Berücksichtigung der Prinzipien: Ausbildungswert, Geschäftswert, Veränderungswert
o Erprobung im Rahmen eines Modellversuchs

Gründung neuer „ökologisch orientierter Juniorenfirmen"

Gründung neuer „öklogisch orientierter Juniorenfirmen"

o Suche nach umweltbewußten Bündnispartnern
o Leitfaden: Einrichtung ökologisch orientierter Juniorenfirmen
o Gründungsworkshops, Umwelt-Zirkel für Ausbilder und Auszubildende

- o Verständigung auf eine Strategie des schrittweisen Entwickelns
- o Einbindung in einen Modellversuch zur Erprobung und wissenschaftlichen Auswertung der ökologischen Weiterentwicklung der Juniorenfirmen-Methode

6. Zusammenfassende Thesen

Die folgenden Thesen beziehen sich auf Fragen, die im Rahmen der Ringvorlesung erörtert wurden:

Erwartungen

1. Die motivationalen, fachlichen, kommunikativen und handlungsorienten *Erwartungen* hinsichtlich der Methode Juniorenfirma werden voll erfüllt. Eine Reihe von Beispielen läßt sich als Beleg dafür anführen, daß innerhalb der Juniorenfirmen z. B. Produkte auf ihre Umweltverträglichkeit überprüft werden und Alternativen oder Verbesserungen gefunden und umgesetzt werden, als ernsthaftes Handeln im beruflichen Kontext. Dieses Handeln bleibt aber widersprüchlich, da ein durchgängig konsistentes „umweltbezogenes" Handeln, zumal unter betriebswirtschaftlichen Rahmenbedingungen, kaum vorstellbar ist und die Frage, welches Handeln letztlich mehr oder weniger umweltgerecht ist, sich nur im Bündel und im Zielkonflikt anderer Entscheidungskriterien beantworten läßt.

Berücksichtigung der emotional-affektiven und kommunikativen Faktoren

2. In der Berücksichtigung *emotional-affektiver und kommunikativer Faktoren* besteht das zentrale Anliegen der Juniorenfirma, indem sie die Selbstverantwortung, Entscheidungsfähigkeit, Kreativität, das berufsübergreifende Lernen und die reale, mitunter auch konflikthafte Auseinandersetzung der Auszubildenden mit der übrigen Betriebsrealität fördert. Ob die moralische Urteilsfähigkeit geschärft wird, läßt sich nicht sagen. Am Beispiel der Produkte gab es eine Auseinandersetzung über die ökologische Orientierung. Einige sagten, man solle nur solche Produkte vertreiben oder herstellen, die einen aktiven Beitrag zum Umweltschutz leisten, z. B. Luftfilter, andere meinten, Umweltorientierung bestünde schon darin, nachgefragte Produkte z. B. ressourcensparend herzustellen. Da sich die letztere Meinung durchsetzte, wollten die Auszubildenden, die den ersten Standpunkt vertraten, nicht länger mitmachen. An einem solchen Konflikt mit Konsequenzen könnte sowohl die moralische Urteilsfähigkeit geschärft werden als auch die kritisch-rationale und wissensbasierte Auseinandersetzung über die tat-

sächlichen Umwelteffekte, z. B. von End-of-the-pipe-Technologien, gefördert werden.

3. Wichtigstes Merkmal der Juniorenfirma ist die eingangs formulierte „komplexe Handlung", die aus den Schritten Wahrnehmung, Aktion, Reflexion, Transfer, Ergebnis (WARTE) besteht. Die Entwicklung der Juniorenfirma, ihr Übergang von einem Jahrgang zum nächsten, die Entwicklung von Produkten, die Abwicklung von Aufträgen und Geschäften sowie die Entscheidungsfindung generell sind stets mit Prozessen verbunden. Werden in diese Prozesse ökologische Überlegungen einbezogen, dann wird auch *„ökologische Handlungskompetenz"* gefördert, wobei hier die genannten Einschränkungen der Inkonsistenz, der kognitiven Dissonanz und der „zugelassenen" Übernutzungsmöglichkeit der Umwelt bestehen.

ökologische Handlungskompetenz

4. Benötigt wird ein *Qualitätsbewußtsein beruflicher Bildung,* in dem man sich offensiv-zustimmend auch für die Berücksichtigung von Umweltbildung entscheidet. Einige Probleme sind unter dem o. a. Punkt der drei Verhaltensmuster zu einem umweltorientierten Ausbildungsmanagement angeführt.

Qualitätsbewußtsein beruflicher Bildung

5. *Die Juniorenfirma ist eine hochgradig integrative Ausbildungsmethode,* weil sie z. B. innerhalb des Betriebes angesiedelt ist, also keine externe Sonderlösung darstellt, mehrere Berufsgruppen, Auszubildende und Ausbilder in einen gemeinsamen Lernprozeß integriert, durch die reale, komplexe Handlung betriebliche Vernetzungen und Interdependenzen abbildet. Tradierte Fächer- und Inhaltsstrukturen werden dadurch aufgebrochen, daß sich die Juniorenfirma einen eigenen Handlungsrahmen schafft, innerhalb dessen Alltagssituationen und Probleme aufgegriffen werden, deren Bearbeitungslogik sich selbstverständlich dem tradierten schulischen Fächerprinzip entzieht. Daß die Juniorenfirma in den letzten Jahren im schulischen Bereich einen so großen Zuspruch gefunden hat, ist vermutlich auch darauf zurückzuführen.

Die Juniorenfirma ist eine hochgradig integrative Ausbildungsmethode.

Literatur

BERLINER WIRTSCHAFT: Juniorenfirmen verbreitern Ausbildungsspektrum. In: Berliner Wirtschaft. Informationen der Industrie- und Handelskammer zu Berlin. 44. Jg., H. 21, 1994

BRAMER, H./KUDELLLA, P.: Theoretische Analyse von Möglichkeiten und Grenzen der Kooperation von Schule und Betrieb im Berufsbildungssystem der DDR-Zeit (1991). Zitiert nach Pätzold, G. 1994, a. a. O., S. 105

BRODERSEN, M.: Die amerikanischen Junior-Achievement-Firmen und die deutschen Juniorenfirmen. Ein Vergleich. In: Zeitschrift für Berufs- und Wirtschaftspädagogik, H. 4, 1984

BRODERSEN, M.: Miniaturfirmen in der Schule. In: Schweizerische Zeitschrift für kaufmännisches Berufsbildungswesen, H. 4, 1985

BUNK, G. P.: Simulation, Realität und Handlungsorientierung in der Berufsbildung. In: Sommer, K.-H. (Hrsg.): Handlungslernen in der Berufsbildung – Juniorenfirmen in der Diskussion. Esslingen 1985. (Stuttgarter Beiträge zur Berufs- und Wirtschaftspädagogik, Band 3)

DOPPLER/LAUTERBURG: Change Management. Frankfurt/M. und New York 1994

EULER, D./TWARDY, M.: Duales System oder Systemdualität - Intensivierung zu einer Lernortkooperation. In: Twardy, M. (Hrsg.): Duales System zwischen Tradition und Innovation. Köln 1991

FIX, W.: Juniorenfirma. Ein innovatives Konzept zur Förderung von Schlüsselqualifikationen. Berlin: Erich Schmidt 1989

HILT, K.: Die Juniorenfirma „Junior-Trading Künzelsau" (JTK) der kaufmännischen Schule Künzelsau. In: Wirtschaft und Erziehung, H. 4, April 1994

INSTITUT DER DEUTSCHEN WIRTSCHAFT: Projektbeschreibung JUNIOR. 1994. Gustav-Heinemann-Ufer 84-88, 50968 Köln

KAISER, F.-J. (Hrsg.): Handlungsorientiertes Lernen in kaufmännischen Berufsschulen. Bad Heilbrunn, 1987.

MILLER, S.: Die Juniorenfirma - Ein handlungsorientiertes Konzept auch für die Schule. In: Erziehungswissenschaft und Beruf, H. 3, 1990

NITSCHKE Ch./FICHTER, K./LOEW, Th. u. a.: Berufliche Umweltbildung - wo steckst Du? Bielefeld: Bertelsmann 1995

PÄTZOLD, G. (Hrsg.): Lernortkooperation. Heidelberg: Sauer 1990

PÄTZOLD, G.: Lernortkooperation unter Berücksichtigung der Erfahrungen im Berufsbildungssystem der DDR. In: Kudella/Pätzold/Walden: Kooperation zwischen Berufsschule und Betrieb in den neuen Bundesländern. BIBB (Hrsg.) Bielefeld: Bertelsmann 1994

PÄTZOLD, G./WALDEN, G. (Hrsg.): Lernorte im dualen System der Berufsbildung. BIBB (Hrsg.) Bielefeld: Bertelsmann 1995

PROJEKTGRUPPE CONSTANTIN-VANOTTI-SCHULE ÜBERLINGEN: Bericht zur Arbeitskreissitzung der Arbeitsgemeinschaft der Juniorenfirmen am 23.2. 1994. In: Kutt, K.: Juniorenfirmen und Umweltschutz. Eine aktualisierte Dokumentation von Materialien, Aufsätzen, Zeitungsartikeln und weiterführender Literatur. BIBB (Hrsg.) 1996 (Informationen und Materialien aus Modellversuchen zum Umweltschutz in der beruflichen Bildung, H. 50)

SCHWIEDRZIK, B.: Bedingungen der Zusammenarbeit von Ausbildern und Berufsschullehrern. Erfahrungen und Empfehlungen aus Modellversuchen. In: Pätzold, G.: Lernortkooperation, a. a. O.

STIEHL, H.: Veränderte Anforderungen an den Lernort Betrieb und neue Konzepte handlungs- und problemorientierten Lernens. In: Greinert, W. D. (Hrsg.): Lernorte der beruflichen Bildung. Bildungspolitische und didaktische Perspektiven der Hochschultage der beruflichen Bildung 1984. Wetzlar 1985

Klaus Halfpap

Lernbüro und Ökologie

Einführend will ich meinen persönlichen Bezug zu den beiden Themenaspekten darlegen und dabei auch mein Verständnis des „Lernbürokonzepts" skizzieren. Das weicht – so meine ich – vom didaktischen Ansatz her erheblich von einem Konzept der Wirtschaftspraxis oder der Bürotechnik ab, wie es sich z. B. in Lehrbüchern oder in Curricula einiger Länder der Bundesrepublik spiegelt. Darüber hinaus soll die m. E. absehbare Entwicklung der Lernbüroarbeit im Kontext der Weiterentwicklung handlungstheoretischer Didaktik angedeutet werden.

Zweitens werde ich den Kern meines didaktischen Ansatzes zur Umweltbildung in Bildungsgängen mit schulischen Modellbetrieben herausarbeiten. Dies erfolgt exemplarisch im Vergleich zu bisherigen unterrichtspraktischen Bemühungen, berufliche Umweltbildung in der Schule zu realisieren. Dabei kann ich Kritik an einer (auch in Nordrhein-Westfalen) noch weit verbreiteten „Schwachstelle" der Lernbüroarbeit nicht unausgesprochen lassen, nämlich der fehlenden Vollsimulation in vollzeitschulischen Bildungsgängen.

Auf dieser Basis entwerfe ich dann drittens das Konzept einer in die Unternehmenskultur des Modellbetriebes integrierten Umweltbildung mit Wirkung für alle Unterrichtsfächer des Bildungsgangs.

Abschließend werde ich viertens den ganzheitlichen didaktischen Ansatz dieses Konzepts theoretisch einordnen und dabei besonders die Dimension und die Bedeutung der Umweltethik herausarbeiten.

1. Zur Verknüpfung des „Lernbürokonzepts" mit der Umweltbildung

Seit 1980 habe ich (u. a.) intensiv auf dem Gebiet der Theorie und Praxis des Lernbüros gearbeitet. Dies tat ich auf der Basis einer handlungstheoretischen Didaktik. Bei der entsprechenden Gestaltung der Praxis handlungsorientierten Lernens und Lehrens im Lernbüro und darüber hinaus habe ich mitgewirkt (nicht nur in zwei großen Modellversuchen in Nordrhein-Westfalen und in Brandenburg). Dabei war der Ausgangspunkt meiner Bemühungen, berufliche Vorbereitung und Ausbildung im Lernort Schule durch Verzahnung von Theorie und Praxis handlungsrelevant zu gestalten. Das heißt: die Lernenden zu qualifizieren, kaufmännische Tätigkeiten als wirtschaftliches Entscheidungshandeln auszuüben. Dazu war die Einführung von Lernbüros notwendig. Dies sind Büros, in denen gelernt werden kann, kaufmännisch zu arbeiten. Dabei waren bzw. sind nicht nur funktionalistisch kaufmännische Routinetätigkeiten nach Anweisung zu vollziehen. Vielmehr haben die Lernenden in die Fähigkeit zur Gestaltung kaufmännischer Arbeitsprozesse und -bedingungen sowie zum Treffen und Reflektieren – d. h. Beurteilen – kaufmännischer Entscheidungen hineinzuwachsen. Deshalb ist das Lernbüro kein Übungskontor, und was darin stattfindet sind keine praktischen oder „Berufsbezogenen Übungen" zu etwas vorher theoretisch Gelerntem.

Lernbüros

So ist an sich das „Lernbüro" nur die Kurzfassung des didaktischen Konzepts „MAKS im MOB" (vgl. Abbildung 1 sowie Halfpap 1993a, S. 36), nach dem die Lernenden als Kaufmännische Sachbearbeiter (heute spricht man schon mehr von „Fallbearbeitern") an Modellarbeitsplätzen arbeiten und lernen. Dies erfolgt in einem Modellbetrieb, der nach didaktischen Grundsätzen unter der Leitidee der Förderung umfassender Handlungsfähigkeit gebildet wird. Deswegen spreche ich auch – begrifflich zusammengefügt – vom Arbeitslernen.

„MAKS im MOB"

Insofern müßte das Thema treffender „schulische Modellbetriebe und Ökologie" lauten. So verstehe ich das Thema und fasse es sogar noch weiter, was ich später darlegen werde. Daß das „Lernbüro" für Insider nur noch zum terminus technicus wird bzw. geworden ist, sei nur angemerkt. Denn das didaktische Konzept wurde inzwischen übertragen: z. B. auf den Bereich der Absatzwirtschaft oder der kaufmännischen Gesundheitsberufe sowie auf die gewerblich-technische Berufsausbildung durch das Werkstattlabor und auf die agrarwirtschaftliche Berufsausbildung durch das Agrarlabor (beides in Schleswig-Holstein). Für den neugeordneten Beruf des Anwaltsfachangestellten wird der Modellbetrieb eine Anwaltskanzlei sein – so die curriculare Planung in Nordrhein-Westfalen.

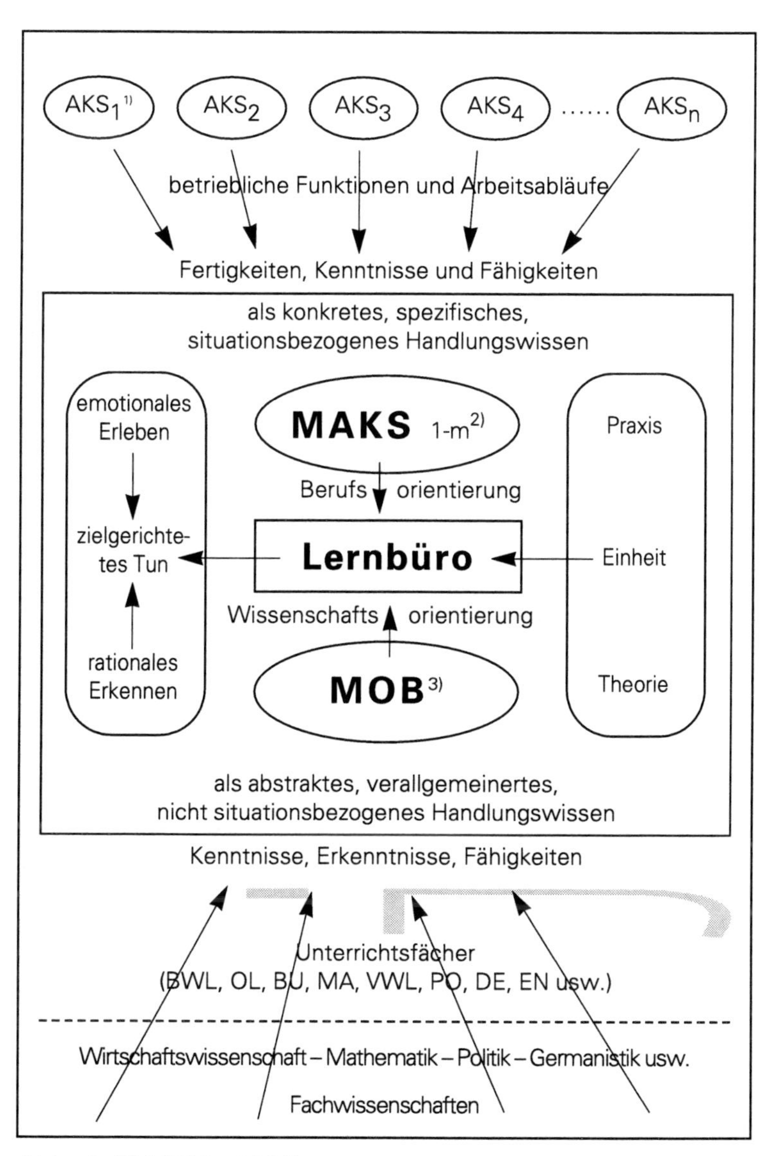

Abb. 1: **MAKS im MOB**
Modellarbeitsplätze kaufmännischer Sachbearbeiter im Lernbüro eines didaktisch strukturierten Modellbetriebes

1) **A**rbeitsplätze **k**aufmännischer **S**achbearbeiter im Lernbüro
2) **M**odell**a**rbeitsplätze **k**aufmännischer **S**achbearbeiter im Lernbüro
3) **Mo**dell**b**etrieb

aus: Halfpap, Klaus: Das Lernbüro – Schulischer Lernort für kaufmännische Tätigkeiten, in: Linke/Rütters/Wiemann (Hrsg.): Lernplätze in der Berufsausbildung, Alsbach 1986, S. 63.

Bei der theoretischen und praktischen Arbeit wuchs in mir die Erkenntnis, daß Lernbüroarbeit zwar notwendige Voraussetzung und Bedingung einer stärker praxisorientierten und handlungsrelevanten Ausbildung im Lernort Schule ist. Unter dem Anspruch ganzheitlichen Lernens im Bildungsgang reicht jedoch ein Fach (z. B. Bürowirtschaft) nicht aus. Denn **alle** Unterrichtsfächer müssen bildungsgangbezogen und abgestimmt dazu beitragen, umfassende Handlungsfähigkeit bei den Lernenden zu fördern. Dazu sind Bildungsgangkonferenzen – mit Teilkonferenzen und Arbeitsgruppen – notwendig. Mitglieder sind alle Lehrer, die in diesem Bildungsgang unterrichten.

Bildungsgang-konferenzen

Sie müssen
- Konsens finden über das anzustrebende konkrete Bildungs- und Erziehungsziel dieses Bildungsgangs (Fach-, Methoden- und Sozialkompetenz),
- gemeinsam eine didaktische Grobstruktur für den Bildungsgang entwickeln,
- die Fachinhalte aufeinander abstimmen und
- fachübergreifende und fächerverbindende Lernorganisationsformen planen und – dann – durchführen (Projekte, Lernaufgaben, Arbeitsaufgaben, Vorhaben).

Strukturmodell

Ein Strukturmodell der Arbeit von Bildungsgangkonferenzen habe ich in Abbildung 2 veranschaulicht. Aus ihm geht auch hervor, daß nach dem Bildungsgangkonzept Mitglieder der Bildungsgangkonferenz nicht nur alle in diesem Bildungsgang unterrichtenden Lehrer sind, sondern auch Vertreter der Schüler dieses Bildungsgangs und – in der Berufsschule – auch (möglichst) Vertreter der Ausbilder.

Lernbüroarbeit

Diese Weiterentwicklung des didaktischen Konzepts ganzheitlichen Lernens im Bildungsgang führt zu der Konsequenz, daß ein besonderes Unterrichtsfach für die Lernbüroarbeit in der Regel nicht zwingend ist. Zur Förderung des didaktischen Bewußtseins und zur Qualifizierung von Lehrern, integriertes Handlungslernen sowie besonders Theorie und Praxis verzahnendes Lernen zu gestalten, ist ein besonderes Fach allerdings hilfreich, wenn nicht gar notwendig. Zur Bearbeitung fächerverbindender und Praxis integrierender Handlungslernsituationen ist aber Lernbüroarbeit notwendig. Dabei wird dann entsprechend dem jeweiligen Arbeitsstand z. B. gegebenenfalls ganz- oder auch mehrtägig in einem Lernbüro gearbeitet oder in einer Woche

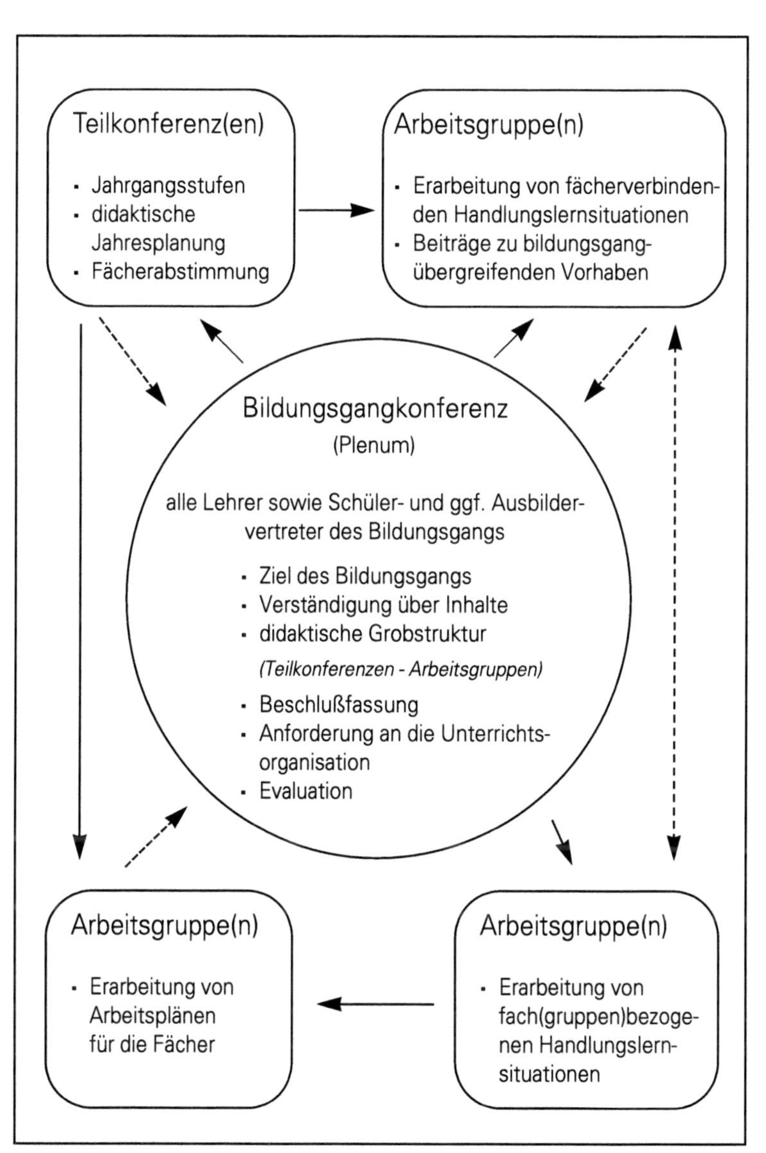

Abb. 2:
Strukturmodell der Arbeit von Bildungsgangkonferenzen

Legende:

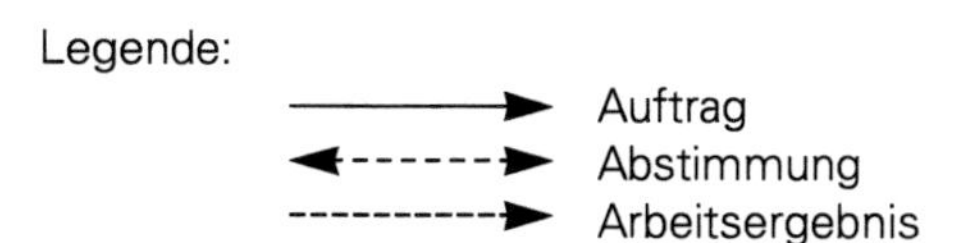

überhaupt nicht. Deswegen: Zur Lernbüroarbeit bedarf es grundsätzlich keines besonderen Unterrichtsfaches. Allerdings gibt es m. E. eine Ausnahme: In vollzeitschulischen kaufmännischen Bildungsgängen – insbesondere mit einem Berufsschulabschluß nach Landesrecht – ist Lernbüroarbeit in einem besonderen Fach notwendig, und zwar integriert mit Text- und Datenverarbeitung. Denn nur so ist die sogenannte Vollsimulation möglich. In der Vollsimulationsphase wird im Modellbetrieb bei voller Arbeitsteilung in Abteilungen (in der Regel: Einkauf, Lager, ggf. Fertigung, Verkauf, Rechnungswesen, Allgemeine Verwaltung) gearbeitet. Diese Phase des Arbeitslernens ist unabdingbar, wenn die Lernenden nicht parallel zum schulischen Lernen kaufmännische Praxiserfahrung in Betrieben gewinnen können.

Umweltbildung

Seit 1990 bezog ich Fragen der Umweltbildung stärker in meine Arbeiten zur beruflichen Bildung ein. Anlaß war die Betreuung eines in mehreren Bundesländern von 1991 bis 1995 durchgeführten BLK-Modellversuchs „Entwicklung und Erprobung ganzheitlicher Lernansätze in der Umweltbildung in Kooperation zwischen Betrieb und Berufsschule" (BUBILE; Träger war die Akademie für Jugend und Beruf, Hattingen). In den 80er Jahren habe ich im Bereich der Umweltbildung didaktisch teils enger, teils weiter gearbeitet. Enger insofern, als ich unter diesem Schwerpunkt Verkehrserziehung für alle Schulformen der Sekundarstufe II im Land Nordrhein-Westfalen didaktisch akzentuiert habe. Weiter insofern, als bei den landesweiten Lehrerfortbildungsveranstaltungen Lehrer aller Fächer und Schulformen der Sekundarstufe II zusammengeführt wurden und sie die Verkehrserziehung vor allem unter dem Aspekt der Umweltbildung fachbezogen, jedoch besonders auch fachübergreifend didaktisch aufbereitet haben. Darüber und zum Grundsätzlichen der „Verkehrserziehung als Element der Umweltbildung in der beruflichen Bildung" habe ich beim 2. Fachkongreß des BIBB „Neue Berufe – Neue Qualifikationen" im Dezember 1992 berichtet (vgl. Halfpap 1993c).

Verkehrs-erziehung

Umweltethik

So war es nur folgerichtig, aus handlungstheoretischer Sicht eine ganzheitliche Umweltbildung (1992) zu skizzieren und mich (1993b) der Frage der Umweltethik an berufsbildenden Schulen zuzuwenden. Auf beide Aspekte werde ich abschließend in einer theoretischen Reflexion des vorgestellten Ansatzes zurückkommen, ohne bei diesem Thema weitere Grundsatzfragen der Umweltbildung theoretisch fundieren zu können.

Heute vollziehe ich den Schritt der Verknüpfung der beiden Aspekte der beruflichen Bildung „Lernbüro und Ökologie" zu einem integrierten bildungsgangbezogenen didaktischen Konzept.

2. Bausteine zur beruflichen Umweltbildung

Lernen in schulischen Modellbetrieben

Nun zum Konkreten, zur Umweltbildung in dem von mir skizzierten Kontext. Dieser Kontext ist – ich hebe es noch einmal hervor – das Arbeiten und (dabei) Lernen in schulischen Modellbetrieben mit einem Lernbüro (oder Fachraumzentrum für Absatzwirtschaft oder für die Gesundheitsberufe oder mit einer Anwaltskanzlei oder einem Werkstatt- oder Agrarlabor) **und** in den Fächern des Bildungsgangs (einschließlich der berufsübergreifenden bzw. sogenannten allgemeinbildenden Fächer Deutsch, Politik und ggf. Religion/Ethik).

Damit führe ich meinen didaktischen Ansatz der Lernbüroarbeit konsequent fort, der über die kaufmännischen Kernfächer hinausgeht, auf die sich besonders und ausdrücklich vor allem Kaiser (1995) und Achtenhagen (1987) beschränken. Er führt zwangsläufig dazu, den neuen Rechtsrahmen der Europäischen Gemeinschaft aufzugreifen und in die schulische Berufsausbildung zu integrieren. Gemeint ist die VERORDNUNG (EWG) Nr. 1836/93 DES RATES vom 29. Juni 1993 über die freiwillige Beteiligung gewerblicher Unternehmen an einem Gemeinschaftssystem für das Umweltmanagement und die Umweltbetriebsprüfung, kurz „EG-Öko-Audit-Verordnung" genannt. Sie wurde u. a. vom Umweltbundesamt 1994 veröffentlicht.

Andreas Fischer hat (1995a) diese Verordnung als Anreiz für eine berufliche Umweltbildung vorgestellt und bildungspolitische Anknüpfungspunkte aufgezeigt. Er hat sich unter Bezugnahme auf Arbeiten in Baden-Württemberg auf Leitthemen und mögliche Inhalte der Aus- und Weiterbildung von Betriebsangehörigen konzentriert. Ich werde diese inhaltlichen Empfehlungen aufgreifen und dazu aufrufen, sie für das Arbeitslernen im Lernbüro und für fachbezogenes und vor allem fächerverbindendes Lernen im Bildungsgang im Rahmen eines Modellbetriebes

Förderung von Fachkompetenz

Methoden- und Sozialkompetenz

didaktisch zu konkretisieren. Dabei wird deutlich, daß der von mir vorgeschlagene didaktische Ansatz nicht nur die Förderung von Fachkompetenz, sondern auch die Förderung von Methoden- und Sozialkompetenz intendiert.

Damit schlage ich einen didaktischen Zugriff zur Umweltbildung vor, der über die bisher übliche, traditionelle Behandlung von Umweltthemen im Unterricht verschiedener Fächer oder auch in fachübergreifenden Projekten hinausgeht. Dieses Vorgehen kann allerdings als Lehrgangs- oder Projektphase gegebenenfalls in das vorgeschlagene Konzept integriert werden. Mit diesem Hinweis hebe ich die bisherigen Arbeiten vor allem aus Modellversuchen positiv hervor, die Lehrerinnen und Lehrern inhaltliche Hinweise und didaktische Anregungen geben. Denn durch diese „Bausteine" wurde und wird – endlich – Umweltbildung an beruflichen Schulen überhaupt thematisiert.

Bausteine

Ich gebe einige Beispiele. Bei den ersten Beispielen beziehe ich mich u. a. auf die Dokumentation der Veranstaltungsreihe über berufliche Umweltbildung im Wintersemester 1993/94 an der Freien Universität Berlin (vgl. Fischer/Hartmann 1994). Ich nenne nur die Themen und gebe einige Anmerkungen, die Unterschiede verdeutlichen oder Integrationsmöglichkeiten in das von mir vorgeschlagene Konzept aufzeigen.

Modellversuch LUKAS

Unterrichtsmaterialien für einen ökologisch orientierten Wirtschaftslehreunterricht aus dem Modellversuch LUKAS (Lernprogramm zur Umweltbildung an kaufmännischen Schulen) wurden mit der wissenschaftlichen Begleitung der Universität Paderborn (vgl. z. B. Kaiser 1995) erarbeitet. Es handelt sich um „Unterrichtsbausteine" zur Integration von Umweltbildung in die wirtschaftsberuflichen Kernfächer (Betriebswirtschaftslehre, Volkswirtschaftslehre, Warenverkaufskunde usw.). Ein Baustein ist z. B. „Das umweltfreundliche Büro" für das Fach Betriebswirtschaftslehre mit Rechnungswesen in der Höheren Handelsschule, bei dem das Lernbüro genutzt und folgende Problembereiche untersucht werden „könnten" (!) (vgl. die Entwurfsfassung von Uber/Fischer 1994, S. 6): Papierwaren, Büromaterialien, Büromöbel, Bürogeräte, Beleuchtung, Heizung. Ausdrücklich wird auf Seite 11 konstatiert, daß die Initiative zu diesem Projekt vom Lehrer ausgeht, was dem üblichen Projektverständnis widerspricht.

Sylvia Strecha hat seinerzeit ausführlich über die Arbeit an ihrer (Kolleg-)Schule (in Recklinghausen) im Rahmen des Modellversuchs BUBILE berichtet, die ich zum Teil auch aus eigener Anschauung kenne. Dort ist insbesondere der Bildungsgangbezug der beruflichen Umweltbildung (hier: im Einzelhandel) realisiert worden, und zwar fachspezifisch (z. B. für Deutsch) und fachübergreifend durch Lernaufgaben (z. B. „Fit durch den Winter" mit einer Beschaffungssituation mit qualitativem Angebotsvergleich oder „Der Profit-Hit" mit ökologischen Bedenken bei der Produktion von Fahrradhelmen).

Modellversuch BUBILE

Aus der Arbeit des gleichen Modellversuchs berichtet Eva Seul (1995) über das „Projekt Umweltbildung schulform- und fächerübergreifend an den Kaufmännischen Schulen Mülheim an der Ruhr". In dieses Projekt waren 19 von 21 Vollzeitschulklassen eingebunden; eine gewaltige Leistung! Weitere Projekte an diesen Schulen waren z. B. „Umweltschutz im Büro" im Fach Bürowirtschaft über ca. 16 Stunden mit einer Exkursion zu einer Müllverbrennungsanlage (vgl. ajb 1993, S. 132 ff) sowie das noch nicht veröffentlichte Projekt „Umweltschutz im Marketingbereich".

„Umweltschutz im Marketingbereich"

Dieses Projekt bezieht sich ausschließlich auf die Arbeit im Lernbüro, ist aber nur ein „Sonder"-Projekt und nicht – wie mein dann folgender Vorschlag – integraler Bestandteil eines (zu entwickelnden) Umweltmanagementsystems des Modellbetriebes. Für die Geschäftsleitung hat Eva Seul bei dem von ihr durchgeführten Projekt (vgl. unveröffentlichten Abschlußbericht vom 25. April 1995) eine innerbetriebliche Mitteilung an die Verkaufsabteilung gerichtet. Diese Mitteilung war der Arbeitsauftrag für alle (!) Schüler/innen im Lernbüro, also nicht etwa nur für die Verkaufsabteilung des Modellbetriebes; denn dieser war nicht abteilungsmäßig organisiert. Eine Vollsimulation mit funktionsbezogener Arbeitsteilung in Abteilungen des Modellbetriebes fand also nicht statt.

„Sonder"-Projekt

(Anmerkung: Diese Phase in einem vollzeitschulischen Bildungsgang zu erproben war ein Schwerpunkt des Transfer-Modellversuchs Lernbüro Nordrhein-Westfalen / Brandenburg im Land Brandenburg, über den in Band 3 der Veröffentlichungsreihe Lernbüro Anfang 1996 nachgelesen werden kann und auf den ich nachher noch einmal zurückkomme.)

Ich zitiere aus der innerbetrieblichen Mitteilung: „Sehr geehrte Damen und Herren, täglich erhalten wir Zuschriften von Kunden, die sich speziell für von uns angebotene umweltfreundliche Produkte interessieren. In diesem Zusammenhang hören wir auch Kritik – nicht zuletzt wegen der für unsere Produkte verwendeten Roh- und Verpackungsstoffe. Es ist sicher unbestritten, daß in der Vergangenheit mit diesen Stoffen viel zu unbedacht umgegangen wurde. ... Um dem gestiegenen Umweltbewußtsein der Verbraucher Rechnung zu tragen und unserer Verantwortung zum Schutze der Umwelt nachzukommen, ist es notwendig, neue Strategien zu entwickeln. Dies nicht zuletzt auch deshalb, um unsere langfristige Wettbewerbsfähigkeit zu erhalten bzw. zu verbessern. Bitte entwickeln Sie dazu ein Konzept, in dem Sie das absatzpolitische Instrumentarium ökologiegerecht einsetzen."

In arbeitsgleicher Gruppenarbeit, die auch ohne Lernbüro hätte durchgeführt werden können (!), wurde das absatzpolitische Instrumentarium gesichtet (Produkt-/Sortimentspolitik, Preispolitik, Kommunikationspolitik und Distributionspolitik). Danach wurden arbeitsteilig in Gruppen folgende Themen bearbeitet: Kommunikation/Sales Promotion, Büttenpapier, Marktforschung, Kommunikationspolitik, jeweils mit mehr oder weniger Bezug zu Problemen des Umweltschutzes – so Eva Seul. Sie hebt die altbekannte Tatsache als besonders bemerkenswert hervor, „daß die Schüler große Schwierigkeiten hatten, die Inhalte zum Thema ‚Marketing', die sie im Fach BWL erarbeitet hatten, zu reflektieren und auf die Umweltthematik umzusetzen. Obwohl sie das Lehrbuch und ihre Aufzeichnungen aus dem Unterricht benutzen sollten und konnten, war es einem Großteil der Schüler und Schülerinnen nicht möglich, die Inhalte selbständig zu bewältigen. Deshalb war es notwendig, eine kurze Wiederholung einzuschieben."

Durch Tun wird gelernt.

Der „theoretische Vorlauf" im Fachunterricht brachte also auch hier wieder nichts. „Übende Anwendung" vorher gelernten (isolierten) Faktenwissens im praktischen Tun, also in Handlungssituationen, klappt nicht – oder zumindest nur sehr bedingt. Das gilt gleichermaßen für Umweltthemen, die in Unterrichtsfächern theoretisch behandelt werden. Sie haben kaum Handlungsrelevanz und noch weniger Bewußtseinsveränderung zur Folge. Denn durch Tun wird gelernt und bildet sich Bewußtsein.

3. (Modell-)Betriebe mit Umweltmanagement

EG-Öko-Audit-Verordnung

Nun zur Chance, die die bereits erwähnte EG-Öko-Audit-Verordnung gewährt. Sie führt zu einer entsprechenden Erweiterung der Unternehmensphilosophie oder -kultur auch der schulischen Modellbetriebe und muß auf alle Fächer des Bildungsgangs ausstrahlen.

3.1 Die EG-Öko-Audit-Verordnung

Da ich nicht annehmen kann, daß diese Verordnung allen in Einzelheiten bekannt ist, will ich die Kerngedanken kurz referieren und über den derzeitigen Umsetzungsstand in Deutschland berichten. Das tue ich (1.), um zu informieren und (2.), um damit sachliche Hinweise für die didaktische Aufarbeitung in mehreren Fächern zu geben.

Umweltschutz

Umweltpolitik

Umweltmanagementsystem

Umweltbetriebsprüfung

Die Verordnung wurde am 29. Juni 1993 in Luxemburg vom Rat der Europäischen Gemeinschaften beschlossen und gilt ab dem 21. Monat nach ihrer Veröffentlichung in jedem Mitgliedstaat, also seit April 1995. Sie dient der Verbesserung des betrieblichen Umweltschutzes, um den Verursachern von Umweltproblemen eine eigenverantwortliche Rolle bei deren Lösung zu übertragen. Dazu sollen die Unternehmen eine Umweltpolitik auf der höchsten Managementebene festlegen, in der sie sich nicht nur zur Einhaltung aller einschlägigen Vorschriften des Umweltschutzes verpflichten, sondern auch zu einer angemessenen kontinuierlichen Verbesserung des betrieblichen Umweltschutzes. Sie ist regelmäßig zu überprüfen und gegebenenfalls anzupassen. Die Unternehmen sollen für die einzelnen Betriebsstandorte ein Umweltprogramm mit ihren Umweltzielen aufstellen. Auf dessen Grundlage ist ein Umweltmanagementsystem für alle Tätigkeiten an dem Betriebsstandort zu entwickeln. Teil des Umweltmanagementsystems ist die Durchführung einer regelmäßigen Umweltbetriebsprüfung. Sie wird von einem unternehmenszugehörigen oder externen Umweltbetriebsprüfer durchgeführt. Im Anschluß an die Umweltbetriebsprüfung ist eine für die Öffentlichkeit bestimmte Umwelterklärung zu verfassen. Sie ist Grundlage für die Eintragung des Betriebsstandortes in ein Register. Die zertifizierten und eingetragenen Unternehmen sind berechtigt, ein Zeichen (z. B. auf Geschäftsbriefen) zu führen.

Bedeutsam für den (Aus-)Bildungsbereich ist folgendes: Im Verordnungstext wird vorgeschrieben, daß die Betriebsangehörigen über die Erstellung und Durchführung solcher Systeme unterrichtet werden und eine entsprechende Ausbildung erhalten. Im Anhang I wird dies so konkretisiert: Es ist zu gewährleisten, daß sich die Beschäftigten auf allen Ebenen bewußt sind über

Ausbildung

a) die Bedeutung der Einhaltung der Umweltpolitik und -ziele sowie der Anforderungen nach dem festgelegten Managementsystem;
b) die möglichen Auswirkungen ihrer Arbeit auf die Umwelt und den ökologischen Nutzen eines verbesserten betrieblichen Umweltschutzes;
c) ihre Rolle und Verantwortung bei der Einhaltung der Umweltpolitik und der Umweltziele sowie der Anforderungen des Managementsystems;
d) die möglichen Folgen eines Abweichens von den festgelegten Arbeitsabläufen.

Ausbildungsbedarf

Zu ermitteln sind Ausbildungsbedarf und Durchführung einschlägiger Ausbildungsmaßnahmen für alle Beschäftigten, deren Arbeit bedeutende Auswirkungen auf die Umwelt haben kann. Das Personal ist in bezug auf ökologische Fragestellungen zu informieren und auszubilden. Insbesondere ist bei den Arbeitnehmern auf allen Ebenen das Verantwortungsbewußtsein für die Umwelt zu fördern. – Soweit die teils wörtliche Wiedergabe des Originaltextes.

Betriebsprüfungstätigkeiten

Hinsichtlich der Umweltbetriebsprüfung wird im Anhang II festgelegt, daß die Betriebsprüfungstätigkeiten an Ort und Stelle Diskussionen mit dem am Standort beschäftigten Personal umfassen. Zu behandelnde Gesichtspunkte im Rahmen der Umweltpolitik und -programme sowie deren Prüfung zählt Anhang I auf.

Einige von ihnen sind:

- Energiemanagement;
- Bewirtschaftung von Rohstoffen; Wasserbewirtschaftung und -einsparung;
- Vermeidung, Recycling, Wiederverwendung, Transport und Endlagerung von Abfällen;
- Lärmbelästigung;
- Produktionsverfahren;

- Produktplanung (Design, Verpackung, Transport, Verwendung, Endlagerung);
- betrieblicher Umweltschutz;
- umweltschädigende Unfälle.

Was hat sich bisher in Deutschland zur Umsetzung dieser EG-Öko-Audit-Verordnung getan? Private Institute – so z. B. die Umweltakademie Fresenius in Dortmund - bieten zu hohen Preisen Ausbildungsmodule für Umweltbetriebsprüfer (Umweltauditoren) an: Rechtsgrundlagen des Modernen Umweltmanagements, Elemente eines Umweltmanagement-Systems nach der EG-Verordnung, Aufbau und Durchführung einer Umweltbetriebsprüfung, Motivation und Kommunikation im betrieblichen Umweltschutz, Betriebliche Vernetzung von Umwelt- und Qualitätsmanagement (Ausschreibungstext vom 04. Juli 1995). Nach Auskunft der Bezirksregierung Münster wurden diese Akademie und andere Institute dazu noch nicht zertifiziert. Dies ist auch verständlich, da es eine bundeseinheitliche Regelung erst seit September 1995 gibt.

Gesetz

Erst am 21. April 1995 hat die Bundesregierung den Entwurf zu einem Gesetz über die Zulassung von Umweltgutachtern und Umweltgutachterorganisationen sowie über die Registrierung geprüfter Betriebsstandorte nach der genannten EG-Verordnung vorgelegt (ich beziehe mich auf die Drucksache des Bundesrates 210/95). Die Verabschiedung durch den Bundestag hat sich verzögert, weil der Bundesrat Änderungswünsche hatte. Das Gesetz sieht für die Zulassung und Beaufsichtigung von Umweltgutachtern eine zentrale, bundeseinheitliche Organisationsstruktur vor. Mit der Zulassung und Beaufsichtigung von Umweltgutachtern und Umweltgutachterorganisationen soll eine geeignete juristische Person des Privatrechts betraut werden. Darüber hinaus wird beim Bundesministerium für Umwelt, Naturschutz und Reaktorsicherheit ein pluralistisch besetzter Umweltgutachterausschuß gebildet. Die Aufgabe der Registrierung geprüfter Betriebsstandorte wird den Industrie- und Handelskammern und den Handwerkskammern übertragen.

Zulassungsverfahren

Bis zum Inkrafttreten bundesrechtlicher Regelungen zur Durchführung der EG-Öko-Audit-Verordnung hat das Land Nordrhein-Westfalen am 05. April 1995 vorläufige Regelungen getroffen. Danach sind für das Zulassungsverfahren die Bezirksregierungen zuständig. Sie senden Interessenten ein Informationsblatt und ein Antragsformular mit dem Hinweis auf alle notwendigen Unterlagen zu. Der Antragsteller hat vor allem die erforderliche Fachkunde durch eine Prüfbescheinigung der Deutschen Akkreditierungs- und Zulassungsgesellschaft für Umweltgutachter mbH (DAU) in Bonn nachzuweisen. Bei der Bezirksregierung Münster hatten sich bis zum Sommer 1995 einige Interessenten gemeldet; inzwischen ist eine Zertifizierung erfolgt. In Berlin wurden am 20. September 1995 die ersten beiden Gutachter nach dem in etwa gleichen Antragsverfahren zugelassen. (Anmerkung: Die Verwaltungsmühlen mahlen langsam – auch bei der Förderung und rechtlichen Absicherung des Umweltschutzes; ebenso die politischen Entscheidungsgremien. Denn warum wurde ein Gesetzentwurf erst im April 1995 eingebracht, wenn dessen Notwendigkeit seit Juni 1993 bekannt war?!)

Vor diesem Hintergrund können wir im Bildungsbereich des Lernortes Schule auf keine Praxiserfahrung der betrieblichen Wirklichkeit zurückgreifen. Mir ist auch kein Fall bekannt, bei dem diese EG-Öko-Audit-Verordnung schon einmal didaktisch aufbereitet wurde. Somit auf in's didaktische Neuland!

3.2 Die didaktische Umsetzung im Lernort Schule

Bildungsgangkonferenz

Ich schlage folgendes didaktisches Vorgehen vor: In einer Bildungsgangkonferenz, in der – wie bereits erwähnt – mindestens die Lehrer aller Unterrichtsfächer zusammenarbeiten, werden die genannte Verordnung und die bundes- oder landesrechtlichen Regelungen von einer Kollegin/einem Kollegen vorgestellt. Diese(r) hat sich durch Literaturstudium (Material erhältlich z. B. beim Umweltbundesamt, bei den Kammern, bei den zuständigen staatlichen Stellen – je nach Land unterschiedlich –) und durch zusätzliche persönliche Gespräche bei diesen Stellen darauf vorbereitet. Auf dieser Grundlage prüfen die Teilnehmer der Bildungsgangkonferenz, welche inhaltlichen Bezüge zu ihren Fächern herzustellen sind. So wird z. B. der Fremdsprachenlehrer die Chance nutzen, sich und dann die Schüler darüber (fremdsprachen-)textbezogen zu informieren, wie die Verordnung im jeweiligen „Fremdsprachenland" umgesetzt wird. Der Politiklehrer wird die aktuelle Situation eines Gesetzgebungsverfahrens aufgreifen und – nach der jetzt erfolgten Verabschiedung des Gesetzes – dieses z. B. unter dem Aspekt der rechtlichen

Regelung des Umweltschutzes analysieren (lassen) und in die bisherigen fachdidaktischen Themenaspekte einordnen.

In Bildungsgängen mit einem Modellbetrieb im Lernbüro ist nun – wie bereits hervorgehoben – die Unternehmensphilosophie um die Umweltpolitik zu erweitern. Da dies in der Realität auf der höchsten Managementebene erfolgen soll (vgl. Abschnitt 3.1), ist es Aufgabe aller Lehrer im Bildungsgang, die Umweltziele und das Umweltprogramm festzulegen. Dies sollten sie m. E. jedoch nicht allein tun, sondern die Schüler als Mitarbeiter des Modellbetriebes einbinden. Dies ist Aufgabe des Lehrerteams im Lernbüro. Das Grundkonzept sollte allerdings in der Bildungsgangkonferenz von allen Lehrern gemeinsam erarbeitet werden. Denn nur so ist sichergestellt, daß jeder Lehrer für sein Fach die inhaltlichen Bezüge herstellen kann. Dadurch wird Umweltbildung im Bildungsgang fächerabgestimmt realisiert. Dann – und m. E. nur dann – ist berufliche Umweltbildung in Modellbetrieben keine Insellösung. Vielmehr eröffnet sie über die EG-Öko-Audit-Verordnung Integrationsperspektiven und bricht tradierte Inhaltsstrukturen auf.

Modellbetrieb

Unternehmensphilosophie

Umweltpolitik

Umweltbildung im Bildungsgang

Deshalb sollte in Bildungsgängen – bisher – ohne Lernbüroarbeit die Chance der EG-Öko-Audit-Verordnung genutzt werden, einen Modellbetrieb zu errichten und dessen Datenkranz und Umweltpolitik in allen Fächern aufzugreifen, fachbezogen zu akzentuieren und zu erweitern sowie in den jeweiligen fachsystematischen Kontext zu stellen. Anregungen dazu können den Umweltberichten großer Unternehmen entnommen werden: so z. B. dem der Bayer AG, in dem deren „Credo für eine nachhaltige, zukunftsverträgliche Entwicklung" im Hinblick auf Produktverantwortung, Dialog, Umweltschutz, Arbeitssicherheit, Anlagensicherheit und Gefahrenabwehr sowie Sicherheit beim Technologietransfer dargestellt wird (Bayer 1995, S. 2 f).

Umweltbericht

Allein diese Hinweise verdeutlichen, daß die Mitarbeiterinnen und Mitarbeiter (= die Schülerinnen und Schüler) im Lernbüro des Modellbetriebes eines vollzeitschulischen Bildungsgangs nicht ohne flankierende fachliche Stützung einen (tendenziell vergleichbaren) Umweltbericht für den schulischen Modellbetrieb erstellen können. Solche Umweltberichte sollten aber auch in Bildungsgängen ohne ein besonderes Fach mit Lernbüroarbeit, aber mit einem bildungsgangbezogenen Modellbetrieb und damit für diesen von den Schülern in mehreren Unterrichtsfächern erarbeitet werden.

Aus der vor kurzem erschienenen „Allgemeinen Wirtschaftslehre für Büroberufe" (Thoma u. a. 1995, S. 103) gebe ich ein Beispiel dafür, daß und wie – bereits ohne Bezug auf die EG-Öko-Audit-Verordnung – Umweltmanagement in die Zielfunktion der Unternehmung einfließen kann (vgl. Abbildung 3). Diese Zielbereiche sind generell und speziell die ökologischen Ziele im Unterricht der Fächer und im Lernbüro zu konkretisieren und auf die Erreichung im Modellbetrieb zu überprüfen – permanent (!). Dazu gehört dann auch die Aufnahme dieses Managementbereichs in ein controllingorientiert geführtes Modellunternehmen. Dies erfolgte beim Modellversuch Lernbüro in Brandenburg – wenn auch hier noch ohne Bezug auf die EG-Öko-Audit-Verordnung – z. B. in Finsterwalde/Buchhain (vgl. die diesbzüglichen Ergebnisse des Modellversuchs Lernbüro in Brandenburg, die Anfang 1996 veröffentlicht wurden). Dort wurde die Unternehmensphilosophie des Modellbetriebes durch Unternehmensgrundsätze und -ziele konkretisiert, und zwar u. a. in bezug auf „ökologische Entwicklungen, z. B. Einstellung gegenüber der Umwelt, Energiebilanz."

Umwelt-management

Auch beim Modellunternehmen Ökologia GmbH am Oberstufenzentrum Handel I in Berlin zieht sich der Umweltgedanke durch alle Phasen des Modellunternehmens – leider (noch?!) nicht auch der übrigen Fächer der einjährigen Berufsfachschule zur kaufmännischen Berufsvorbereitung. Beeindruckend war bei einer Präsentation dieses Konzepts im September 1995, daß und wie durch eine didaktisch aufbereitete kurzfristige Erfolgsrechnung das ökologische Bewußtsein der Lernenden gefördert werden kann.

Wird das von mir vorgeschlagene didaktische Konzept realisiert, dann werden Umweltfragen und Umweltprobleme zumindest im Lernbüro „von der ersten Stunde an" berücksichtigt, diskutiert und reflektiert. Im Lernbüro und – in der Berufsschule – gegebenenfalls auch ohne Lernbüro ist in allen Bildungsgängen mit einem Modellbetrieb mit den Schülern deren persönlicher Ausbildungsbedarf und der, der sich aus betrieblichen und außerbetrieblichen Anforderungen ergibt, zu ermitteln. Es ist mit ihnen gemeinsam zu überlegen, wie er „gedeckt" werden kann.

Ausbildungs-bedarf

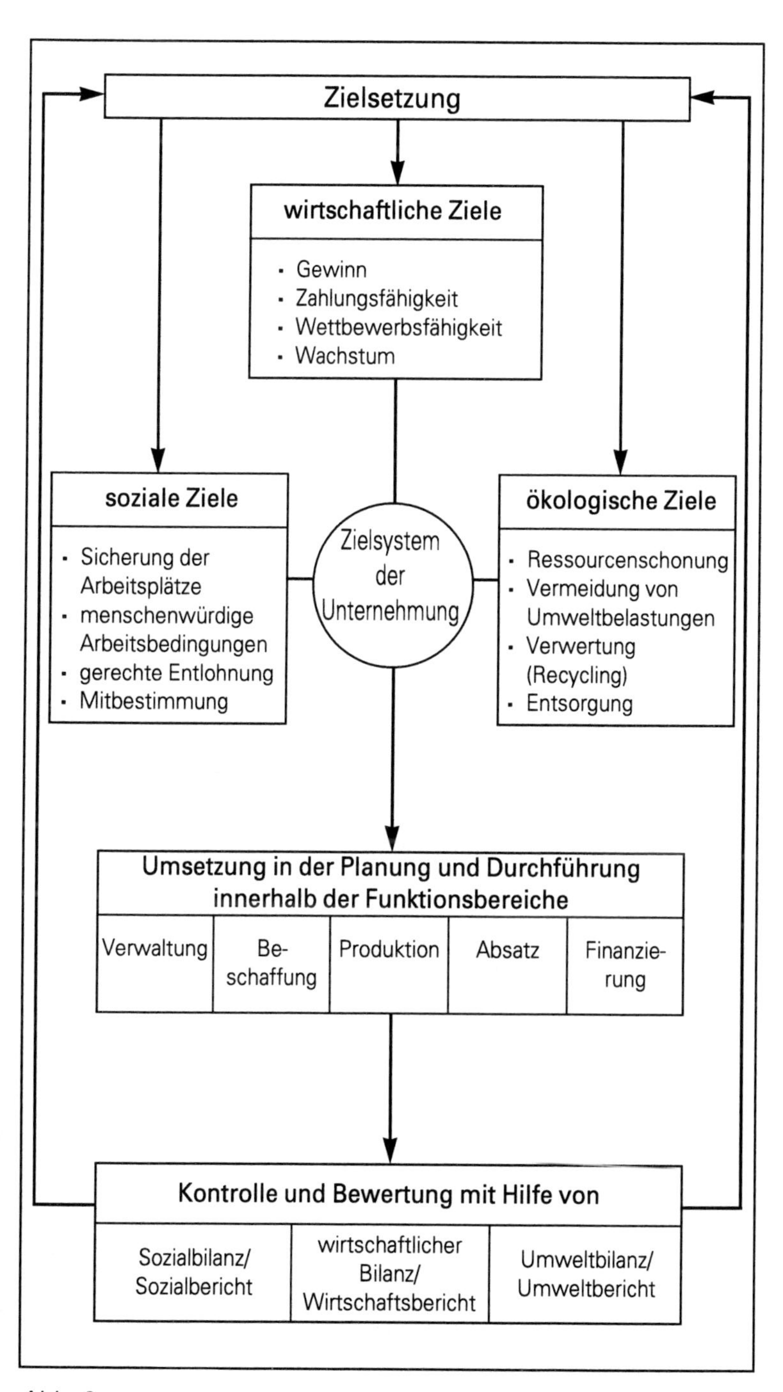
Zielsetzung
wirtschaftliche Ziele
· Gewinn
· Zahlungsfähigkeit
· Wettbewerbsfähigkeit
· Wachstum
soziale Ziele
· Sicherung der Arbeitsplätze
· menschenwürdige Arbeitsbedingungen
· gerechte Entlohnung
· Mitbestimmung
Zielsystem der Unternehmung
ökologische Ziele
· Ressourcenschonung
· Vermeidung von Umweltbelastungen
· Verwertung (Recycling)
· Entsorgung
Umsetzung in der Planung und Durchführung innerhalb der Funktionsbereiche
Verwaltung
Beschaffung
Produktion
Absatz
Finanzierung
Kontrolle und Bewertung mit Hilfe von
Sozialbilanz/ Sozialbericht
wirtschaftlicher Bilanz/ Wirtschaftsbericht
Umweltbilanz/ Umweltbericht

Abb. 3

Das kann z. B. durch Schülervorträge, durch Exkursionen, durch Befragung von Experten oder durch gezielt durchgeführte Projekte erfolgen.

Durch diese permanente Auseinandersetzung mit Umweltfragen im Modellbetrieb wird das Verantwortungsbewußtsein für die Umwelt gefördert. Wenn in diesem Sinne das individuelle Bewußtsein entwickelt wird, ist die Grundlage für ein ökologisch orientiertes Handeln gelegt. Denn wenn ein Mensch nach verhaltenswirksamen Normen handeln soll, müssen sie ihm bekannt sein, von ihm akzeptiert und befolgt werden. Wichtige Voraussetzungen für die Entwicklung des moralischen Bewußtseins und damit für die Fähigkeit zum normengeleiteten Handeln sind nach Lempert (1988, S. 79):

Entwicklung des moralischen Bewußtseins

„- Sensibilisierung für eigene und fremde Wertvorstellungen,
- Befähigung zum Erkennen und fairen Austragen von Konflikten,
- Anregung zum Nachdenken über die eigenen Moralvorstellungen und
- Erhöhung der Verständigungsbereitschaft."

Dies kann nicht effektiv durch gelegentliches Ansprechen von Umweltthemen im Fachunterricht erfolgen. Vielmehr bedarf es ständiger Auseinandersetzung in praxisbezogenen Handlungslernsituationen im Kontext eines Modellbetriebes. Deshalb ergänze ich Lemperts „wichtige Voraussetzungen für die Entwicklung des moralischen Bewußtseins" um eine weitere entscheidende:

Gestaltung pädagogischer Situationen

- Gestaltung pädagogischer Situationen zur Förderung von Charaktereigenschaften mit entsprechenden Handlungs- und Entscheidungsfreiräumen.

4. Umweltbildung als „nachhaltiger", ganzheitlicher Prozeß

4.1 Der bildungsgangdidaktische Ansatz

„Sustainability"

Ich übertrage jetzt das neue „Zauberwort" (Michelsen 1995, S. 46) „Sustainability" (= Nachhaltigkeit) für eine dauerhaft-umweltgerechte Entwicklung des Wirtschaftens auf den Prozeß der Umweltbildung in den schulischen Modellbetrieben: Durch das vorgestellte ganzheitliche didaktische Konzept wird in der Ausbildungsphase der Boden für eine dauerhaft-umweltgerechte

Entwicklung des Individuums für ein lebenslanges Lernen zum umweltgerechten Verhalten gelegt. Besonders interessierte Schüler können zu einem unternehmensinternen Umweltbetriebsprüfer „ausgebildet" werden. Ein Lehrer oder ein Schüler einer anderen Klasse, die sich auf dieses Gebiet spezialisiert haben, können externe Betriebsprüfer werden. Wenn einmal „reale" Betriebsprüfer zertifiziert und registriert sind, sind sicherlich einige auch zur „Prüfung" eines Modellbetriebes bereit. Berufsschüler können in diesem Kontext zunehmend auf ihre betrieblichen Erfahrungen zurückgreifen.

umweltgerechtes Verhalten

Bei diesem didaktischen Konzept wird die Umweltbildung in die bildungsgangbezogene Modellbetriebsarbeit integriert. Umweltbildung erfolgt nicht aufgesetzt, additiv, gelegentlich mal in einem Projekt, sondern ist integraler Bestandteil der gesamten Ausbildung im Lernort Schule. Jeder Lernende erkennt, daß dies Fragen sind, die ihn persönlich und beruflich betreffen. Jeder Lehrende erkennt, daß auch er zur Erfüllung dieses Bereichs der Bildung und Erziehung beitragen muß. Mit diesem Konzept wird das möglich, was Fischer (1995b, S. 113) einfordert: „Das neue Verständnis des Wirtschaftens, das sich vom traditionellen wirtschaftlichen Fortschritts- und Wachstumsdenken löst und gleichzeitig die Arbeits- und Konsumweisen in Frage stellt, ist aber nicht von oben herab deduktiv zu vermitteln, sondern argumentativ und nachvollziehbar in der Schule zu entwickeln. Den Schüler/innen ist die Option zu vermitteln, diesen Prozeß **aktiv** voranzutreiben und gestaltend daran mitzuwirken." In der Schule müssen ihnen diese Optionen im Modellbetrieb (in den Fächern und möglichst mit Lernbüroarbeit) gewährt werden!

Umweltbildung in die bildungsbezogene Modellbetriebsarbeit integriert

Die Entwicklung einer Bildungsgangdidaktik steht nicht im Zentrum dieses Themas. Sie ist jedoch leitend für das vorgestellte Konzept der Umweltbildung in schulischen Modellbetrieben. Daher sei im Hinblick auf das Thema – wenn auch „nur", aber ausdrücklich - folgendes angemerkt.

Bildungsgangdidaktik

- Für ganzheitliches und bildungsgangbezogenes Lernen ist die Orientierung an einem Modellbetrieb (selbst ohne selbständiges Fach mit Lernbüroarbeit) hilfreich, zur didaktischen Nutzung der EG-Öko-Audit-Verordnung allerdings unabdingbar. Dadurch ist die „realitätsbezogene" Konstruktion von betrieblichen Arbeitsaufgaben (also den fächerverbindenden Hand-

ganzheitliches und bildungsgangbezogenes Lernen

lungslernsituationen) leichter und nachvollziehbarer möglich, ohne daß immer neue Datenkränze „erfunden" werden müssen.

fachbezogenes und fächerverbindendes Lernen

- Fachbezogenes und fächerverbindendes Lernen muß im Sinne eines Spiralcurriculums strukturiert werden.

Mit dem von mir vorgestellten Modell einer beruflichen Umweltbildung bleibe ich nicht auf einer theoretisch-abstrakten Ebene – wie z. B. Pätzold/Drees (1994) - stehen. Sie fordern zwar zutreffend, aber eben nur appellativ, daß die Lehrenden „selbst über eine möglichst umfassende berufsbezogene Umweltkompetenz verfügen ... (und) Lernprozesse im allgemeinen didaktisch und methodisch kompetent strukturieren ... können, über die sich Umweltkompetenz vermittelt" (a. a. O., S. 253). Wie dies erfolgen soll und kann, wird nicht gesagt. Nach meinem handlungstheoretischen Verständnis läßt sich übrigens Umweltkompetenz – wie jede andere Kompetenz – nicht „vermitteln". Vielmehr ist es Aufgabe der Lehrer, Informationen anzubieten und Lernen so zu gestalten, daß die Lernenden in Handlungslernsituationen ihr Wissen für sich selbst konstruieren können und müssen, um umweltbewußt zu handeln. Der Paradigmenwechsel muß vollzogen werden: vom Lehren zum Lernen lassen!

Paradigmenwechsel

vom Lehren zum Lernen lassen

Dieser Paradigmenwechsel und dessen didaktische Konsequenzen werfen nicht nur für die berufliche Umweltbildung Probleme auf, sondern generell für die „traditionelle" berufliche Bildung. Denn Lehrer sind in der Regel als Fachwissenschaftler zur „Vermittlung" von Fachwissen ausgebildet worden. Nun sollen sie selbständiges und kooperatives Lernen organisieren. Das müssen sie lernen und ihr Rollenverständnis ändern. Weiterhin erfordert dieses Lernen Räume, die alternierende Arbeit in Groß- und Kleingruppen zulassen; die Ausstattung muß selbständiges und auch „praktisches" Lernen ermöglichen.

Umweltbildung als „nachhaltiger Prozeß"

ganzheitliche Umweltbildung

Das von mir skizzierte bildungsgangbezogene Konzept der Umweltbildung als anhaltender oder „nachhaltiger" Prozeß im Rahmen von schulischen Modellbetrieben im Lernbüro und darüber hinaus in – soweit möglich – allen Unterrichtsfächern sowie in fachübergreifenden bzw. fächerverbindenden Lernorganisationsformen (Lernaufgaben, Projekten) ist ganzheitliche Umweltbildung in zweierlei Hinsicht:

* Zum einen bezieht es unter der Zielfunktion der entsprechend akzentuierten Unternehmensphilosophie des (wenn auch simulierten, aber doch sehr realitätsbezogen-konkreten) Modellbetriebes die Komplexität der Lebens-, Berufs- und Wirtschaftsrealität in den Bildungsprozeß bewußt ein, allerdings in – notwendiger – didaktischer Reduktion der Komplexität der gesamten Wirklichkeit. Indem mehrere Fächer zur Umsetzung der Umweltziele des Umweltprogramms dieses Modellbetriebes beitragen, sind entsprechend viele Fachwissenschaften gefordert: einzeln-abgestimmt und im Verbund, also interdisziplinär.

interdisziplinär

* Zum anderen bezieht dieses Konzept durch seine vorrangigen Lernorganisationsformen mit schüleraktivierenden Methoden der Projektarbeit und der in besonderer Ausprägung Theorie und Praxis verzahnenden Lernbüroarbeit den Lernenden in seiner „Ganzheit" mit Kopf, Herz und Hand ein. Dies erfolgt insbesondere dadurch, daß das Lernen (je nach Lernorganisationsform mehr oder weniger) selbstorganisiert sowie (auf jeden Fall) kooperativ und tätigkeitsstrukturiert erfolgt (also mit allen Phasen der Tätigkeit: Planung – Durchführung – Beurteilung). Fach-, Methoden- und Sozialkompetenz werden gefördert.

mit Kopf, Herz und Hand

Die Förderung der Sozialkompetenz ist im Hinblick auf die Umweltbildung von besonderer Bedeutung. Denn zur Sozialkompetenz gehören Kooperations- und Kommunikationsfähigkeit und vor allem Verantwortungsfähigkeit, die Eigenverantwortlichkeit und Sozialverantwortlichkeit umfaßt und damit moralische Urteilsfähigkeit einschließt. Nach der Rahmenvereinbarung der Kultusministerkonferenz (Beschluß vom 14./15. März 1991) hat die Berufsschule auch „zur Mitgestaltung der Arbeitswelt und Gesellschaft in sozialer und ökologischer Verantwortung zu befähigen." Dazu und zu dem dafür notwendigen Bewußtseinswandel für konkretes Handeln reichen ein- oder auch mehrmaliges (Auswendig-)Lernen von Faktenwissen und wie auch immer medial veranschaulichte Appelle nicht aus. Hierzu ist ständiges Lernen durch Tun in konkreten Handlungssituationen erforderlich, also über den gesamten Bildungsgang hinweg und selbstverständlich in phasenweise unterschiedlicher Akzentuierung oder Intensität.

Sozialkompetenz

moralische Urteilsfähigkeit

Das hier vorgestellte didaktische Konzept einer ganzheitlichen Umweltbildung im Rahmen schulischer Modellbetriebe unterscheidet sich somit vom Grundsatz her von dem von Goldbach/Moritz (1994) entwickelten „praxisorientierten Ansatz der Integration büro- und kommunikationstechnischer sowie ökologischer Inhalte im Lernbüro." Goldbach/Moritz beschränken sich – der wirtschaftspädagogischen Tradition verpflichtet – ausschließlich auf die Lerninhalte bzw. Lerngegenstände im Lernbüro, „wobei als Modellbetrieb das Lernbüro-Unternehmen natürlich im Mittelpunkt des Interesses steht" (S. 239) – nicht etwa im Mittelpunkt des didaktischen Ansatzes! In der Übersicht des Lernbüro-Curriculums wird in der letzten Spalte auf Bezüge zu anderen Fächern hingewiesen, ohne daß Phasen des gemeinsamen, fächerverbindenden Lernens auch nur angedacht werden.

4.2 Erziehung zu ökologisch verantwortungsbewußtem Handeln

Ich will abschließend den ganzheitlichen Ansatz der beruflichen Umweltbildung im Lernort Schule noch um eine Dimension erweitern. Sie muß m. E. stärker als bisher oder – je nach Bundesland – fachbezogen überhaupt erst berücksichtigt werden, und zwar gerade unter dem Anspruch der Umweltziele einer Unternehmensphilosophie der schulischen Modellbetriebe. Mit dieser Dimension meine ich das „Prinzip Verantwortung", dem nach Vogt (1995, S. 29) eine Schlüsselbedeutung für die Ethik zukommt. Damit erweitere und konkretisiere ich auch die obigen Überlegungen zur Entwicklung des moralischen Bewußtseins (vgl. Abschnitt 3.2).

„Prinzip Verantwortung"

Im Hinblick auf die Fähigkeit, ökologisch verantwortungsbewußt zu handeln, reicht nämlich ein Urteil über die Richtigkeit oder Unrichtigkeit eigenen oder fremden Verhaltens aus sachlichen Gesichtspunkten nicht aus. Hier ist vielmehr das moralische, ethische oder sittliche Urteil notwendig. Damit ist gemeint, daß zu beurteilen ist, ob durch eine Handlung andere jetzt oder später lebende Menschen oder deren Interessen negativ beeinflußt, d. h. unmittelbar oder mittelbar geschädigt werden. Dadurch, daß auch die Interessen unserer Nachfahren berücksichtigt werden, wird die Zukunft „zum Ausgangspunkt unserer Gegenwart gemacht" (Fischer 1995b, S. 107). Diese Urteile der Individuen orientieren sich an den Vorstellungen, Einstellungen, Überzeugungen einer Gesellschaft(sgruppe), eines Volkes, einer

Epoche – vermittelt durch Tradition und Erziehung in der jeweiligen religiösen Bindung. Werden diese Werte, Normen, Gebote, sittlichen Gesetze befolgt, handelt der Mensch moralisch. Der Wandel des Umweltbewußtseins in den letzten Jahren ist Beleg für die historische Bedingtheit der Moral.

Wandel des Umweltbewußtseins

Der Wandel des gesellschaftlichen Bewußtseins vollzieht sich nur über den des individuellen Bewußtseins (wobei dieser Prozeß interdependent ist). Deshalb ist Umweltbildung, damit auch berufliche Umweltbildung, gefordert, bewußt einen Beitrag zur Reflexion des moralisch ökologisch verantwortungsbewußten Handelns zu leisten. Dazu reicht ein gelegentliches Ansprechen dieser Urteilsdimension für Handeln in den (im engen Sinne) berufsspezifischen Unterrichtsfächern nicht aus, obwohl dies auch dort zu erfolgen hat.

Ethik integrieren

Vielmehr ist vom entsprechend aus- oder fortgebildeten Lehrer fachkompetent der Wissenschaftsbereich der Ethik als philosophische Disziplin didaktisch in den Unterricht zu integrieren. Dies kann zum Beispiel in den Fächern Gesellschaftslehre/Politik/Gemeinschaftskunde/Sozialkunde oder Deutsch erfolgen. Mit der Integration philosophischer Ethik gilt es, Kenntnisse und Einsichten über die Natur moralischer Verbindlichkeit überhaupt, „allgemein", gewinnen zu lassen – in diesem thematischen Zusammenhang in der Akzentuierung auf ökologische Probleme.

Zu unterscheiden davon ist die theologische Ethik, die in der Regel u. a. die gleichen Probleme wie die philosophische Ethik bearbeitet, jedoch auf der Grundlage der jeweiligen theoretischen Grundannahmen und Glaubensüberzeugungen. Ich gehe heute jedoch bewußt nicht auf die christliche Ethik – speziell die christliche Umweltethik (vgl. dazu Halfpap 1993b) – und damit auf das Fach Religion ein, sondern konstatiere nur: Auf jeden Fall muß auch von den berufsbildenden Schulen der ethisch-symbolische Naturzugang neben dem zweckrationalen und sinnlich-ästhetischen den Schülern erschlossen werden (vgl. Nitschke 1991, S. 16).

ethisch-symbolischer Naturzugang

Moralphilosophie des Konfuzius

In diesem Kontext will ich mit einem Hinweis auf die Moralphilosophie des Konfuzius Zweiflern an der handlungstheoretischen Didaktik entgegentreten. Dabei muß bedacht werden, daß „Praxis" als Gegenstand einer Tätigkeit nicht nur stofflicher, sondern auch ideeller Art sein kann (vgl. Rubinstein 1977, S. 689). Ein Charakteristikum dieser Moralphilosophie ist die These von der Einheit von Wissen und Handlung. Hanbang (1990, S. 231 f) erläutert dies so: „Nach Konfuzius sind das Lernen, Denken, die Zielsetzung und die Praxis untrennbar. Lernen ist die Voraussetzung für das Denken, Denken ist die Verfeinerung und Verdichtung des Lernens, die Zielsetzung ist ein Ergebnis des Lernens und des Denkens, und die Praxis ist letzten Endes die Quelle und der Ausgang des Lernens, des Denkens und der Zielsetzung."

Welche didaktisch-methodischen Konsequenzen hat dies für die Umweltbildung? Mit Sprenger (1990, S. 552 f) läßt sich die Antwort wie folgt formulieren. „Konfuzius' Bildungsphilosophie ist eine willkommene Alternative und Herausforderung für die zahlreichen verknöcherten und phantasielosen Lehrpraktiken." Wegen der von Konfuzius so erfolgreich eingesetzten heuristischen Lehrmethoden empfiehlt es sich, über folgende Schwerpunktverschiebungen einmal nachzudenken. „Vom reinen Wissenserwerb zur Förderung der Anlagen des einzelnen Schülers; von der Einhaltung bestimmter Wissensnormen zur Anpassung an die Fähigkeiten des einzelnen Schülers; von der Rolle des Lehrers als „Wissender" zur Beraterrolle; von der Behandlung des Schülers als „Empfangender" zur Definition oder zumindest Akzeptanz seiner Rolle als Hauptperson im eigenen Bildungsprozeß; vom Umgang mit abstrakten Wissenssystemen zur Öffnung gegenüber der ‚Ganzheit' der Bildung."

„Ganzheit" der Bildung

Wird dieser didaktisch-methodischen „Schwerpunktverschiebung" gefolgt – z. B. in dem von mir vorgeschlagenen Konzept - wird Umweltbildung ganzheitlich und schülerzentriert strukturiert und organisiert. Ohne Integration der Umweltethik würde allerdings fundamental dagegen verstoßen. Pädagogik und Ethik müssen miteinander verknüpft werden.

Pädagogik und Ethik verknüpft

Damit schließe ich und hoffe, eine mögliche Antwort auf die von Markus Vogt (1995, S. 33) formulierten und aus der Umweltethik abgeleiteten zwei Herausforderungen an die Pädagogik gegeben zu haben: „Der Querschnittscharakter von Umweltthemen erfordert einen interdisziplinären, fachübergreifenden Dialog. Das ist zugleich auch eine methodische Herausforderung der Umweltproblematik für die Pädagogik."

Herausforderung an die Pädagogik

Literatur

Achtenhagen, Frank u. a.: Lernen, Denken, Handeln in komplexen ökonomischen Situationen unter Nutzung neuer Technologien in der kaufmännischen Berufsausbildung, Bericht: Band 11-1, Göttingen 1987

Akademie für Jugend und Beruf (Hrsg.): Modellversuch „Entwicklung und Erprobung ganzheitlicher Lernansätze in der Umweltbildung in Kooperation zwischen Betrieb und Berufsschule, 2. Zwischenbericht, Band II, Hattingen 1993

Bundesinstitut für Berufsbildung u. a. (Hrsg.): Berufliche Umweltbildung – Erfahrungen und Perspektiven, Nürnberg 1994

Bundesrat-Drucksache 210/95 vom 21.04.1995: Entwurf eines Gesetzes über die Zulassung von Umweltgutachtern und Umweltgutachterorganisationen sowie über die Registrierung geprüfter Betriebsstandorte nach der Verordnung (EWG) Nr. 1836/93 des Rates vom 29.06.1993 – Umweltgutachterzulassungs- und Standortregistrierungsgesetz (UZSG) -

Fischer, Andreas: Die EG-Öko-Audit-Verordnung – Anreiz für eine berufliche Umweltbildung, in: Müller, Peter/Wierichs, Hermann (Hrsg.): Umweltmanagement und Berufsbildung, Berlin 1995a

Fischer, Andreas: Gestalterisches Handeln fördern in einer nachhaltigen Schule, in: Fischer, Andreas (Hrsg.): Sustainability-Ethos, Tagungsreader der Gesellschaft für berufliche Umweltbildung/Akademie für Jugend und Beruf, Band 12, Hattingen 1995b, S. 107 ff.

Fischer, Andreas/Hartmann, Günter (Hrsg.): Ökologisches Lernen – Projekte stellen sich vor. Gesellschaft für berufliche Umweltbildung/Akademie für Jugend und Beruf, IZBU-Sonderheft 5, Hattingen 1994

Goldbach, Arnim/Moritz, Gerda-Maria: Möglichkeiten der Integration büro- und kommunikationstechnischer sowie ökologischer Lerngegenstände im Lernbüro, in: Wirtschaft und Erziehung, Heft 7-8/1994, S. 237 ff.

Halfpap, Klaus: Ganzheitliche Umweltbildung, in: Die berufsbildende Schule, Heft 9/1992, S. 521 ff.

Halfpap, Klaus: Arbeitslernen im Lernbüro, 3. Aufl., Schwerte 1993a

Halfpap, Klaus: Umweltethik an berufsbildenden Schulen?!, in: Gesellschaft für Umweltbildung/Akademie für Jugend und Beruf (Hrsg.): Erziehung oder Aufklärung?, IZBU-Sonderheft 3, Hattingen 1993b, S. 31 ff.

Halfpap, Klaus: Verkehrserziehung als Element der Umweltbildung in der beruflichen Bildung, in: BiBB (Hrsg): Umweltschutz in der beruflichen Bildung, Nürnberg 1993c, S. 105 ff.

Halfpap, Klaus: Bildungsgangkonferenzen an berufsbildenden Schulen und Kollegschulen, in: Die Kaufmännische Schule, Heft 12/1994, S. 4 ff.

Hanbang, Chen: Die ethische Lehre des Konfuzius und die moralische Erziehung der Schüler und Studenten in der Gegenwart, in: Krieger, Silke/Trauzettel, Rolf (Hrsg.): Konfuzianismus und Modernisierung Chinas, Mainz 1990

Kaiser, Franz-Josef u. a.: Umweltbildung, Unterrichtsbausteine für die Höhere Berufsfachschule, Soest 1993

Kaiser, Franz-Josef u. a.: Lernprogramm zur Umweltbildung an kaufmännischen Schulen – Bericht aus dem Modellversuch, in: Wirtschaft und Erziehung, Heft 7-9/1995, S. 239 ff.

Kultusministerkonferenz, Beschluß vom 14./15.03.1991 (Rahmenvereinbarung über die Berufsschule), Veröffentlichung des Sekretariats der Ständigen Konferenz der Kultusminister, Bonn 1991

Lempert, Wolfgang: Moralisches Denken, Essen 1988

Leontjew, A. N.: Tätigkeit – Bewußtsein – Persönlichkeit, Köln 1982

Michelsen, Gerd: Sustainable development und Umweltbildung, in: Fischer, Andreas (Hrsg.): Sustainability-Ethos, a. a. O., Hattingen 1995, S. 41 ff.

Nitschke, Christoph: Berufliche Umweltbildung – Umweltgerechte Berufspraxis, Berlin/Bonn 1991 (Hrsg.: Bundesinstitut für Berufsbildung, Heft 126)

Pätzold, Günter/Drees, Gerhard: Umweltbildung und die immanente Dialektik institutionalisierten Lehrens und Lernens, in: Fischer, Andreas/Hartmann, Günter (Hrsg.): In Bewegung. Dimensionen der Veränderung von Aus- und Weiterbildung, Bielefeld 1994, S. 237 ff.

Rubinstein, S. L.: Grundlagen der Allgemeinen Psychologie, 9. Aufl., Berlin 1977

Seeber, Günther: Umweltbildung als Bewußtseinsbildung - Eine Betrachtung im Bezugsrahmen der Ökonomie, in: Wirtschaft und Erziehung, Heft 4/1995, S. 122 ff.

Seul, Eva: Projekt Umweltbildung schulform- und fächerübergreifend an den Kaufmännischen Schulen Mülheim an der Ruhr, in: Wirtschaft und Erziehung, Heft 6/1995, S. 193 ff.

Sprenger, Arnold: Konfuzius und die Modernisierung in China aus der Bildungsperspektive, in: Krieger, Silke/Trauzettel, Rolf (Hrsg.): Konfuzius und die Modernisierung Chinas, Mainz 1990, S. 548 ff.

Thoma, Gösta u. a.: Allgemeine Wirtschaftslehre für Büroberufe, Haan-Gruiten 1995

Umweltbundesamt (Hrsg.): Umweltschutz - ein Wirtschaftsfaktor, Berlin 1994

Vogt, Markus: Ethische Urteilsfindung im Spannungsfeld zwischen ökologischen, sozialen und individuellen Erfordernissen, in: Fischer, Andreas (Hrsg.): Sustainability-Ethos, a. a. O., Hattingen 1995, S. 23 ff.

Wagner, Hans-Günter: Umweltbewußtsein von kaufmännischen Berufsschülern, in: Wirtschaft und Erziehung, Heft 4/1995, S. 129 ff.

Rolf Arnold

Lernkulturwandel und ökologische Reife – Aspekte einer nicht-eurozentrischen Entwicklung

*1. Man sieht nur, was man weiß**

Unter dem Titel „A Humanism is a Condition for the One World" hielt Erich Fromm, der große Zeitdiagnostiker, Zeitkritiker und Humanist am 4. April 1962, also vor nunmehr 34 Jahren, einen Vortrag, in dem er sich mit der Frage beschäftigte, inwieweit der heutige Mensch überhaupt darauf vorbereitet ist, in „der *einen* Welt", die im Entstehen begriffen ist, zu leben. Kritisch warf er die Frage auf, ob es nicht vielmehr so sei, *„(...) daß wir zwar intellektuell im 20. Jahrhundert, gefühlsmäßig aber in der Steinzeit leben? Stimmt es nicht" –*

so Erich Fromm –

„daß bei aller Vorbereitung auf diese eine Welt unsere Gefühle und Affekte noch jene des Steinzeitalters sind? Teilen wir nicht genau jene Haltung, die wir bei den allermeisten primitiven Stämmen finden? Dort hat man nur zu den Mitgliedern des eigenen Stammes Vertrauen, und nur ihnen gegenüber fühlt man eine moralische Verpflichtung. Auch wenn es trivial klingt, so trifft es doch genau den Punkt. Verbunden fühlen wir uns mit denen, die das gleiche Essen haben, die die gleichen Lieder singen und die gleiche Sprache sprechen. In einer solchen Stammeskultur wird der Fremde mit Argwohn betrachtet, und alles Böse in einem selbst wird auf den Fremden projiziert. Die Moral der Stammeskultur ist immer nur eine Moral für den Binnenbereich, nur für die Mitglieder des gleichen Stammes gültig. Dabei macht es – menschlich gesehen – nicht den geringsten Unterschied, ob dieser Stamm aus 100 Menschen besteht oder ob zu ihm 1000 oder 500 Mio. gehören. Immer ist der Fremde einer, der nicht zum gleichen Stamm gehört und deshalb nicht als ein vollwertiges menschliches Wesen empfunden wird" (Fromm 1992, S. 72).

**) Die Gedanken unter Pkt. 1 folgen wörtlich den Ausführungen in Arnold/Siebert 1995, S. 137 ff.*

Wenn ich hier auf einen Text zurückgreife, der mehr als dreißig Jahre alt ist, dann geschieht dies auch mit der Absicht, zu zeigen, daß sich in den letzten Jahrzehnten der beschleunigten Modernisierung unserer Gesellschaften in den Bereichen „Umgang mit Fremde(n), Umgang mit Schwachen" kaum etwas geändert hat. Die Morde von Mölln und Hoyerswerda sowie die Grausamkeiten im ehemaligen Jugoslawien führen uns drastisch vor Augen, daß wir gefühlsmäßig und in unserer praktischen Moral vielfach doch noch „in der Steinzeit" leben.

„Ende der Überheblichkeit"

Wenn ich mich im folgenden mit dem Thema „Lernkulturwandel und ökologische Reife" beschäftige, so geschieht dies aus einer nicht-eurozentrischen Perspektive heraus. Diese Perspektive ist durch ein „Ende der Überheblichkeit" gekennzeichnet, d. h., durch die Bereitschaft, das Eigene und Vertraute als Konstruktion zu erkennen und „statt fremde Gesellschaften zu belehren, bereit (zu) sein, von ihnen zu lernen" (Lepenies 1995). Ein solchermaßen verfremdeter Blick „vom anderen her" erlaubt es uns auch, das Eigene neu zu sehen, und dadurch auch die Grundlage für ein Verständnis von Lernen, Bildung und Berufsbildung zu schaffen, welches als Basis dienen kann für eine Zustimmung dessen, was mit dem Entwicklungsmaßstab „ökologische Reife" bzw. „Nachhaltigkeit" (sustainability) hier nur grob markiert werden kann.

„Mit fremdem Blick" (Rumpf 1986) das uns Vertraute neu sehen lernen, kann schließlich auch als Voraussetzung dafür angesehen werden, daß die Verständigung mit Fremdem oder Neuem – z. B. neuen Anforderungen an Bildung und Qualifizierung – zu mehr führt als dazu, daß unsere bisherigen Überzeugungen unsere Interpretation des uns Fremden oder Neuen beeinflussen, und wir letztlich in einem vergeblichen euro-zentrischen Prozeß verfangen bleiben, indem wir – wie Bourdieu herausgearbeitet hat – dem Objektivierungs- und Erkenntnisfehler „des schleichenden Übergangs vom Modell der Realität zur Realität des Modells" (Bourdieu 1985, S. 74) erliegen. In diesem Sinne steht der Begriff des Euro-Zentrismus für das generelle Konstruktivitätsproblem der Erkenntnistheorie: Wie können wir Neues adäquat erkennen?

Euro-Zentrismus

Für diese Form einer Konstruktion von Realität aus eurozentrischer Perspektive ist die angebliche „Entdeckung" Amerikas durch Christobal Colón ein beredtes Beispiel; „entdeckt" wurden bei dieser „Entdeckung" nämlich in allererster Linie die eigenen Deutungen, Konstruktionen und Interpretationen. Ein skurriles Beispiel hierfür ist der sogenannte „Eid auf Kuba", mit dem Colón an seiner Vorstellung festhält bzw. festhalten läßt, daß Kuba ein Teil des asiatischen Kontinents sei:

„Die Indianer, die Colón antraf, sagten ihm, dieses Land (Cuba) sei eine Insel; doch da ihm die Information nicht gelegen kam, bestritt er die Zuverlässigkeit seiner Informationen:

>Und da diese Menschen so ungeschlachtet sind und glauben, die ganze Welt bestehe aus Inseln, und überhaupt nicht wissen, was Festland ist, und weder eine Schrift noch alte Aufzeichnungen haben und sich nur an Essen und Frauen ergötzen, sagten sie, es sei eine Insel...< (Bernáldez in seiner Abschrift des Tagebuches der zweiten Reise). Man kann sich fragen, weshalb eigentlich die Liebe zu den Frauen die Behauptung, dieses Land sei eine Insel, entwertet. Jedenfalls wohnt man gegen Ende dieser zweiten Expedition einer berühmten und grotesken Szene bei, in der Colón endgültig darauf verzichtet, durch Erfahrung festzustellen, ob Cuba eine Insel ist, und beschließt, bei seinen Begleitern die Autorität als Argument einzusetzen: Sie gehen alle an Land, und jeder leistet einen Schwur, mit dem er versichert, daß >keinerlei Zweifel besteht, daß dies das Festland ist und keine Insel, und daß man, der besagten Küste entlangsegelnd, nach nicht vielen Meilen ein Land mit Menschen finden würde, die gebildet sind und die Welt kennen. (...) Bei Strafe von zehntausend Maravedis (spanische Münzeinheit) für jeden, der künftig das Gegenteil des hier Gesagten behauptet, und zwar für jedes Mal und wann immer es sein möge; bei Strafe, die Zunge abgeschnitten zu bekommen, und für die Schiffsjungen und Leute dieser Art gilt, daß man ihnen in solchen Fällen hundert Hiebe mit dem Tauende verabreicht und ihnen die Zunge abschneidet<(>Eid auf Kuba<, Juni 1494)" (Todorov 1985, S. 31 f).

2. Münchhausens Zopf. Oder: „Lernkultur" als Fokus eines verfremdeten Blicks auf Lern- und Bildungsanforderungen

2.1 Was sind Lernkulturen?

Der Begriff der Lernkultur ist keine eingeführte und etablierte berufspädagogische Kategorie (vgl. Arnold 1994; Krapf 1993).

Gleichwohl ist er – ähnlich wie der Begriff der Unternehmenskultur geeignet, einen verfremdeten Blick auf Lern- und Bildungsfragen zu eröffnen und dreierlei zu verdeutlichen:

Lernkultur als methodisches Setting

(1) Nicht nur das „Was?", sondern auch das „Wie?" von Lernen prägt die Lernresultate; wir sind deshalb gut beraten, in Bildungspolitik, Didaktik und Lehrerbildung das verbreitete Denken in Inhaltblöcken, Stoffpensen und Lehrplanvorgaben zu überwinden, zumal mit dem „Wie?" i. d. R. folgenreichere und längerandauernde Wirkungen verbunden sind als mit dem „Was?" (Aspekt: *Lernkultur als methodisches Setting*).

Lernkultur als implizites Lernen

(2) Gelernt wird nicht nur das, was „explizit" ist, sondern auch das, was unausgesprochen, beiläufig und unterschwellig vermittelt wird. Es ist insbesondere dieses implizite Lernen, welches für den Erwerb oder Nichterwerb von Schlüsselqualifikationen, Lernhaltungen und Selbständigkeit von zentraler Bedeutung ist. So lernen Schüler, Studenten oder Auszubildende im Rahmen der Leitplanken eines überfüllten Curriculums eben gerade nicht nur die deklarierten Inhalte, sondern sie lernen vielfach auch, daß Lernen ein „geführtes" Lernen ist und häufig kaum etwas mit ihren Fragen oder ihren Gegenständen zu tun hat (Aspekt: *Lernkultur als implizites Lernen*).

„Man kann nicht nicht schlüsselqualifizieren."

Ein zentraler Gesichtspunkt ist in diesem Zusammenhang die Einsicht des *„Man kann nicht nicht schlüsselqualifizieren!"*. Dies bedeutet, daß Schulen, Hochschulen und Betriebe überhaupt nicht die Wahl haben, außerfachliches Lernen und die Entwicklung von Schlüsselqualifikationen „zuzulassen" oder in traditioneller Manier weiterhin „nur" auf die Fachkompetenz zu setzen. Sie müssen vielmehr erkennen, daß mit einer solchen Beschränkung ebenfalls – sozusagen ungewollt – eine Schlüsselqualifizierung, wenn auch eine im negativen Sinne des Wortes, verbunden ist: Die Studierenden, Auszubildenden oder Mitarbeiter lernen dann eben, daß es auf ihre eigenen Überlegungen nicht ankommt, daß sie lediglich nachzuvollziehen haben, was man ihnen „vorsetzt", daß sie nur auf Geheiß tätig werden sollen und daß die Erreichung der Ziele schließlich Sache der Lehrer oder der Vorgesetzten ist.

(3) Ein dritter Aspekt dessen, was der Begriff der „Lernkultur" in den Blick zu rücken vermag, bezieht sich auf die verbreite-

ten Lehr-Lern-Illusionen, gelernt werde nur, wenn gelehrt werde, und es werde dann auch das gelernt, was gelehrt worden sei. Demgegenüber hat insbesondere die neuere Kognitionsforschung den Blick dafür geschärft, daß auch das Lernen ein weitgehend selbstorganisiert bzw. selbstreferentiell ablaufender Aneignungsprozeß durch Individuen (Schüler, Studenten) oder soziale Gruppen (Klasse, Seminar, Kurs, aber auch: Abteilung, Betrieb usw.) ist, dessen Resultate durch ein entsprechendes Arrangement von Lernwelten, sprich Anregungen, *ermöglicht,* aber nicht erzeugt, i. S. von „gemacht" und „gewährleistet" werden kann (Aspekt: *Lernen als selbstreferentieller Aneignungsprozeß*). Oder in der Sprache der Systemforschung: Von außen kommende Interventionen (z. B. Lehrinputs) können „(...) in den autopoietischen Einheiten (d. h. im Gehirn des Menschen) Strukturveränderungen (also „Lernen"; R. A.) zwar auslö(sen), diese aber weder determinier(en), noch instruie(ren) (vorschreib(en)) (...)" (Maturana/Varela 1984, S. 85).

Lernen als selbstreferentieller Aneignungsprozeß

Diese drei Aspekte, die mit dem Lernkulturbegriff verbunden sind, ermöglichen ein tieferes und m. E. auch realistischeres Verständnis des Lernens in der beruflichen Bildung. Die uns vertraute und geläufige mechanistische Beschränkung auf die „sichtbaren" und – vermeintlich – „handhabbaren" Faktoren, d. h. auf die *Erzeugungsstruktur* von Unterricht bzw. Lehren und Lernen (Inhalte, explizites Lernen, Lehr-Lern-Illusion) kann so *ergänzt und erweitert werden durch ein systemisches Bild vom Lernen.* Dieses systemische Bild vom Lernen rückt die *Ermöglichungsstruktur* von Lernprozessen in den Blick, d. h. – um das Eisbergmodell aus der Unternehmenskulturforschung aufzugreifen (Holleis 1987) – die untere und eigentlich „tragende" Seite des Eisberges.

ein systemisches Bild vom Lernen

Die systemische Sicht auf Lernen, Unterricht und Ausbildung trägt der tatsächlichen Komplexität, Vernetztheit und Eigendynamik von Lernprozessen Rechnung, die nicht wie „triviale Maschinen" funktionieren, sondern *systemisch,* wie „(...) komplexe Maschinen, die auch durch noch so großartig konzipierte Einzelhandlungen nicht gestaltet und gelenkt werden können" (Probst 1987, S. 13). Sie sind vielmehr – bis zu einem gewissen Grad – zukunftsoffen, sie folgen einer „eigenen" – internen – Entwicklungslogik, kurz: Sie sind auch unberechenbar. Für die

Förderung oder die Gestaltung solcher selbstorganisierten Systeme ist deshalb auch eine andere „Gestaltungs- und Lenkungsphilosophie" erforderlich, nach dem Motto: „Es wird nicht auf das System (bzw. die Klasse oder Gruppe; R. A.) eingewirkt, sondern mit dem System gearbeitet" (Probst/Gomez 1991, S. 5). Frederic Vester spricht in diesem Zusammenhang von dem „Jiu-Jitsu-Prinzip", dem die Absicht zugrundeliegt, die Selbstorganisationskräfte des Systems nicht mit Gegenkräften in eine bestimmte Richtung zu zwingen, sondern vielmehr die Systemkräfte selbst für sich zu nutzen" (Vester 1988, S. 65) – ein Hinweis darauf, daß für die Gestaltung einer lebendigen Lernkultur, die an die Systemkräfte von Individuen und Gruppen anknüpft, auch eine veränderte, ja neuartige, didaktische Professionalität dringend erforderlich ist – ein Aspekt, auf den hier nicht weiter eingegangen werden kann.

selbst-organisierte Systeme

Zwischen-Fazit zur Frage „Was sind Lernkulturen?"

Der Blick auf die Lernkultur rückt die „untere Seite" des Eisberges in den Blick, d. h. die Aspekte von Lehr-Lern-Prozessen und Unterricht, die auf den ersten Blick nicht sichtbar sind, doch gleichwohl die entscheidenden Voraussetzungen für Lernerfolg und Lernergebnisse markieren. Als solche haben wir drei Faktoren bzw. Aspekte identifiziert, nämlich das *methodische Setting,* das *implizite Lernen* und die *Selbstreferentialität von Aneignungsprozessen.*

Zwischen-Fazit

2.2 Lernkulturen müssen sich wandeln – Oder: Der Eisberg erhält Auftrieb

Überblickt man unsere Bildungsgeschichte seit der Jahrhundertwende, so stellt man fest, daß sich die sozio-kulturellen Vorstellungen darüber, was sozial gebilligte Formen des Lehrens und Lernens in Schule und Unterricht sind, in einer Weise gewandelt haben, die dramatischer und tiefgreifender kaum sein könnte:

„Ein Volksschullehrer aus der Zeit des Wilhelminismus würde beim Anblick einer heutigen Grundschulklasse vermutlich zunächst nicht erkennen, daß es sich um Schule/Unterricht handelt, und für den preußischen Oberlehrer wäre das Abendland längst untergegangen – natürlich bedingt durch die Reform der Sekundarstufe II" (Terhart 1989, S. 21).

Trotz dieser beachtlichen Wandlungen von Lernformen, Lerninhalten und Lernkulturen kann nicht übersehen werden, daß diese Veränderungen *nachlaufende* Veränderungen waren, d. h., gesellschaftliche Wandlungen haben in die Schulen hineingewirkt und dort – bisweilen längst überfällige – Wandlungen erzwungen.

Eine *gleichlaufende* oder gar *antizipierende* Entwicklung der Lernkulturen, wie wir sie heute zunehmend benötigen, ist in der Entwicklung unseres Bildungswesens noch kaum oder allenfalls in Ansätzen feststellbar: *Dort beherrscht – dies ist meine pointierte These – nach wie vor ein mechanistisches Bild vom Lernen das bildungspolitische und didaktische Handeln: Man kapriziert sich auf das „Was?" der Bildung, „streitet" sich über Lehrpläne, Stundenanteile usw., versucht gar in einem Hase-und-Igel-Wettlauf den Wandel einzuholen, beschränkt sich in Theorie und Praxis auf das explizite Lernen und hängt dabei den typischen Illusionen der Behaltensschule an, nämlich der Illusion, möglichst alles, was es gibt, müsse gelehrt werden, und der Illusion, etwas zu lehren sei die beste Voraussetzung dafür, daß etwas auch gelernt werde.*

mechanistisches Bild vom Lernen

Gleichwohl erweist sich diese mechanistische Beschränkung auf die Oberflächenphänome von Lehr-Lernprozessen („über der Wasseroberfläche") zunehmend als trivial.

Um im Bild zu bleiben: Der Eisberg erhält Auftrieb, d. h., wir müssen uns bildungspolitisch und didaktisch absichtsvoll um die Gestaltung dessen kümmern, was bislang verborgen lag: *Die Gestaltung der Lernkulturen erweist sich dabei aus drei Gründen als die eigentliche Zukunftsfrage unserer Bildungssysteme und damit auch der Berufsbildung:*

Gestaltung der Lernkulturen

(1) die *Krise der Fachbildung,* d. h., die Krise einer Bildungsorganisation, die sich allzusehr auf das „Was?" von Lehr-Lernprozessen beschränkt,

(2) die (skandalös) *unbefriedigende Nachhaltigkeit* des überwiegend frontalunterrichtlich ablaufenden expliziten Lernens und

(3) die *ungewollten qualifikatorischen Nebenwirkungen* des mechanistischen Lernens.

Zu (1): Die Krise der Fachbildung

Was ist mit dieser großen Formulierung „Krise der Fachbildung" gemeint? Um nicht mißverstanden zu werden: Das Fachwissen selbst ist nicht in der Krise – im Gegenteil: Die Entwicklung des Fachwissens in unserer beschleunigten Zivilisation ist eine Erfolgsstory ohnegleichen. Schenkt man einer im „Blick durch die Wirtschaft" veröffentlichten Darstellung zur Wissensentwicklung Glauben, so verdoppelt sich die Fülle des verfügbaren Wissens ca. alle fünf Jahre, alle fünf Minuten wird eine neue medizinische Erkenntnis gewonnen, alle drei Minuten ein neuer physikalischer Zusammenhang aufgedeckt, und jede Minute eine neue chemische Formel entwickelt. Die Kehrseite dieses exponentialen Entwicklungsprozesses ist das *Obsoleszenzproblem,* d. h. ein rasanter Aktualitätsverlust des Wissens; oder anders ausgedrückt: Die Halbwertzeiten des Wissens, insbesondere des Fach- und Spezialwissens, verkürzen sich dramatisch (vgl. Merk 1992). Was gestern noch galt, gilt heute nicht mehr, einmal erworbenes Fachwissen wird ganz oder in wesentlichen Teilen „obsolet" – ein Begriff, für den wir im Fremdwörterlexikon Begriffe finden wie „abgenutzt", „veraltet" oder „ungebräuchlich".

Obsoleszenzproblem

Nicht das Fachwissen, sondern die *Fachbildung* ist in der Krise. Der Grund dafür ist darin zu sehen, daß der Hase- und Igel-Wettlauf heute weniger denn je gewonnen werden kann: *Fachwissen ist nicht mehr curricularisierbar,* d. h., die Möglichkeit, neue Erkenntnisse didaktisch zu analysieren und in einem vertretbaren Zeitraum in den Lehrplänen und Ausbildungsordnungen verankern zu können, ist angesichts der eskalierenden Veralterungsrate der Wissensentwicklung nicht mehr möglich.

Fachbildung in der Krise

Der eskalierende Veralterungsprozeß bei gleichzeitiger Wissensexplosion stellt das *Vorbereitungs- und Behaltenslernen* unseres Bildungssystems grundlegend in Frage. Besonders betroffen sind dabei die Institutionen der *berufs*vorbereitenden Fachbildung (Berufsschulen, Hochschulen, betriebliche Weiterbildung usw.). Deren Leitkonzept der „Vermittlung von Spezialkenntnissen auf Vorrat" wird von den Füßen auf den Kopf gestellt, da der Glaube an die Zuverlässigkeit eines einmal erworbenen Spezialwissens heute bereits grundlegend erschüttert ist. Der heute ausgebildete Spezialist kann morgen überflüs-

Vorbereitungs- und Behaltenslernen steht in Frage.

sig werden, also ist die bisher verfolgte Ausbildungsstrategie zu überdenken. Infolge der verminderten Festlegbarkeit der zukünftigen Anforderungen entstehen „weiße Flecke" im Bildungsbereich. Die Erosion der Fachbildung und das Entstehen „weißer Flecken" setzen an die Stelle von – vermeintlicher oder tatsächlicher Sicherheit (Motto: „Wir wissen schon, worauf es ankommt.") – *Unsicherheit.*

Erosion der Fachbildung

Zu fragen ist nun: Wie geht unser Bildungssystem, wie gehen unsere Bildungsforscher, Bildungspolitiker, Professoren, Lehrer, Ausbilder, Universitätspräsidenten mit dieser Aufweichung ihrer vertrauten Planungsgrundlage „Vorbereitung durch Vermittlung von Fachwissen", die in Anbetracht des Obsoleszenz- und des Prognoseproblems ihnen vollends zu entgleiten droht, um? Wenn ich es richtig beurteile, ist das vorherrschende Reaktionsmuster eine „Weiter-so-wie-bisher-" bzw. eine „Mehr-desselben-Strategie" (Watzlawick): Lernen bleibt vornehmlich Lernen von Inhalten, und dem Veralten von Inhalten wird durch die Aufnahme von noch mehr Inhalten begegnet. Diese Strategien erinnern mich an folgende von Paul Watzlawick beschriebene Situation, in der ein Betrunkener – passend zu unserem Thema (Schlüsselqualifikationen!) - seinen „Schlüssel" verloren hat:

vorherrschende Reaktionsmuster

„Weiter-so-wie-bisher"

„Unter einer Straßenlaterne steht ein Betrunkener und sucht. Ein Polizist kommt daher, fragt ihn, was er verloren habe, und der Mann antwortet: >Meinen Schlüssel<. Nun suchen beide. Schließlich will der Polizist wissen, ob der Mann sicher ist, den Schlüssel gerade hier verloren zu haben, und jener antwortet: >Nein, nicht hier, sondern dort hinten – aber dort ist es viel zu finster<. Finden Sie das absurd?" – fragt Paul Watzlawick den Leser – „Wenn ja, suchen auch Sie am falschen Ort. Der Vorteil ist nämlich, daß eine solche Suche zu nichts führt, außer mehr desselben, nämlich nichts" (Watzlawick 1983, 27).

Durch das Obsoleszenzproblem der Fachbildung wird uns in ganz ähnlicher Weise auch das Scheitern unserer traditionellen bildungspolitischen „Mehr-desselben-Konzepte" nachhaltig vor Augen geführt. Und die Frage ist, ob wir bei der Reform und Weiterentwicklung unserer beruflichen Bildung die Lösungen möglicherweise nicht auch „woanders" suchen sollen – dort, wo es hell ist, und nicht dort, wo wir unsere Lösungen verloren haben oder verloren zu haben glauben – „also nicht nur über,

das Scheitern unserer traditionellen bildungspolitischen „Mehr-desselben-Konzepte"

sondern unter der Wasseroberfläche". *D. h., möglicherweise liegt auch die Lösung der durch das Obsoleszenzproblem ausgelösten Krise der Fachbildung überhaupt nicht in der Fachbildung selbst, sondern außerhalb der Fachbildung.* Möglicherweise benötigen wir in Anbetracht der Veralterungsraten des Fachwissens überhaupt nicht in erster Linie ein „Mehr an Fachbildung" oder eine raschere Aktualisierung derselben, sondern ein „Mehr an Persönlichkeitsbildung", lebendiger Lernmethoden sowie mehr Gelassenheit, mehr Tiefgang, mehr Selbsttätigkeit, mehr Zeit für Suchbewegungen und für das Heranreifen von Fähigkeiten. Und möglicherweise dürfen wir das „Wie?" des Lernens, das implizite Lernen („heimlicher Lehrplan") sowie die Aneignungsprozesse der Individuen und Lerngruppen nicht mehr länger als unter- oder nachgeordnetes Beiwerk von Lernprozessen ansehen, sondern als absichtsvoll und professionell zu gestaltende Ermöglichungsbedingungen.

Zu (2): Die (skandalös) unbefriedigende Nachhaltigkeit (Sustainability)

unbefriedigende Nachhaltigkeit

Über die unbefriedigende Nachhaltigkeit des überwiegend frontalunterrichtlich ablaufenden expliziten Lernens sehen Schule, Hochschule und Berufsbildung i. d. R. gleichermaßen hinweg. Nur ein Bruchteil dessen, was der Lehrende im Unterricht „anspricht" und „behandelt", wird von den Lernenden auch tatsächlich „angeeignet", eine Einsicht, die bislang kaum Spuren hinterlassen hat, ebensowenig, wie die Einsichten, daß oft nicht gelernt wird, obgleich gelehrt worden ist, daß bisweilen auch etwas gelernt wird, was überhaupt nicht gelehrt wurde, oder daß etwas anderes gelernt wird als gelehrt wurde. Was die völlig unbefriedigende Nachhaltigkeit des Lernens anbelangt, so wiesen bereits frühe Untersuchungen der American Audiovisuell Society darauf hin, daß diese Nachhaltigkeit menschlichen Lernens (i. S. von Behaltensleistungen) mit dem Grad der Aktivierung des Lernenden sprunghaft ansteigen: Danach „behalten" wir 20% von dem, was wir hören, 30% von dem, was wir sehen, 80% von dem, was wir selbst formulieren können und 90% von dem, was wir selbst tun (können) (vgl. Witzenbacher 1985, S.17; Gudjons 1992, S. 50), doch stellten diese Ergebnisse bislang keinen Anlaß dar, die in unserer Gesellschaft vorherrschenden Lernformen grundlegend infrage zu stellen; vielmehr macht man auch didaktisch überwiegend weiter so, wie bisher, und nimmt es als schicksalhaft gegeben hin, daß z. B. ein mehrjähriger Fremdsprachenunterricht auf die Kenntnis eines Satzes zusammenschrumpft und sich Kenntnisse der höheren Mathematik fast vollständig verflüssigen.

Auch die Berufsbildung ist auf breiter Front noch durch ein „Weiter-so-wie-bisher" gekennzeichnet. Wie die neueren Daten zeigen, ist in der Berufsschule heute immer noch der Frontalunterricht die am weitesten verbreitete Unterrichtsform, obgleich diese Verbreitung in den letzten Jahren von 80% (1989) auf 67% (1991) zurückgegangen ist (BMBW 1993). So war das „Vormachen/Nachmachen" (Imitation) 1991 immer noch bei 77% der Auszubildenden mit großem Abstand die Hauptform der Ausbildung, und zweithäufigste Methode (65%) ist das Lernen am Arbeitsplatz. Zwar wird bereits mehr als ein Viertel der Auszubildenden auch im Team oder in der Gruppe ausgebildet, doch haben aktivitätsfördernde Methoden bislang noch keine große Verbreitung gefunden: So haben mit der sogenannten Leittextmethode bislang nur ca. 8% und mit der Projektmethode nur ca. 7% der Lehrlinge eigene Erfahrungen sammeln können (BMBW 1993, S. 86 f). Man sieht also: Die traditionellen Lernkulturen eines toten, frontalunterrichtlichen Lernens dominieren allenthalben.

frontal-unterricht-liches Lernen dominiert

Zu (3): Ungewollte qualifikatorische Nebenwirkungen

Paolo Freire, der lateinamerikanische Volkspädagoge beschreibt die ungewollten qualifikatorischen Nebenwirkungen des mechanistischen Lernens im Bild der sogenannten „Bankiers-Erziehung", in der die Schüler

„Bankiers-Erziehung"

„(...) zu >Containern< gemacht werden, zu >Behältern<, die vom Lehrer >gefüllt< werden müssen. Je vollständiger er die Behälter füllt, ein desto besserer Lehrer ist er. Je williger die Behälter es zulassen, daß sie gefüllt werden, um so bessere Schüler sind sie. So wird Erziehung zu einem Akt der >Spareinlage<, wobei die Schüler das Anlage-Objekt sind, der Lehrer aber der >Anleger<. Statt zu kommunizieren, gibt der Lehrer Kommuniqués heraus, macht er Einlagen, die die Schüler geduldig entgegennehmen, auswendiglernen und wiederholen. Das ist das >Bankiers-Konzept< der Erziehung, in dem der den

Schülern zugestandene Aktionsradius nur so weit geht, die Einlagen entgegenzunehmen, zu ordnen und aufzustapeln. Sie haben zwar die Möglichkeit, Sammler oder Katalogisierer der Dinge zu werden, die sie aufstapeln. Aber letztlich sind es die Menschen selbst, die mangels Kreativität (!), Veränderung und Wissen in diesem bestenfalls mißgebildeten System >abgelegt< werden" (Freire 1973, S. 57 f; Hervorhebungen R. A.).

tote, nekrophile Lernkultur

Es ist eine tote, nekrophile Lernkultur, die Paolo Freire hier polemisch zum Thema macht. In ihr „darf" nur die „Intervention (des Lehrers) zur Entwicklung (des Schülers)" führen – eine Entwicklung, die somit „offiziell" fremdorganisiert verläuft. Diese tote Form des Lernens „(...) verwandelt die Schüler" – wie es Paolo Freire ausdrückt – „in empfangende Objekte. Es versucht, Denken und Handeln zu kontrollieren, führt Menschen dazu, sich der Welt anzupassen, und setzt ihre kreativen Möglichkeiten außer Kraft" (ebd., S. 62).

Bedeutungszuwachs extrafunktionaler Qualifikationen

Was dabei herauskommt, paßt nicht mehr in unsere gesellschaftliche Situation. Schulen, Hochschulen und Berufsausbildung hinken mit einer solchen Lernkultur hoffnungslos dem gesellschaftlichen Wandel hinterher, sie „liefern" Absolventen, die von Wirtschaft und Gesellschaft immer weniger „benötigt" werden. Feststellbar ist nämlich heute eine deutliche Verlagerung der Qualifikationsanforderungen auf extrafunktionale bzw. außerfachliche Fertigkeiten und Kenntnisse. Gleichzeitig reift im betrieblichen Management die Einsicht, daß mit den autoritären und hierarchischen betrieblichen Herrschaftsmustern nicht mehr ein für das Überleben auf dynamischen und hochkompetitiven Märkten ausreichender Kooperations- und Qualitätserfolg erzielt werden kann. Man kann somit nicht umhin festzustellen, daß „das neue Modernitätsverständnis betrieblicher Rationalität" (Harney 1992), das auf der Qualifikationsebene seinen Niederschlag in den Leitkonzeptionen einer erweiterten Qualifizierung bzw. Schlüsselqualifizierung findet, auch die Gegensätze zwischen Bildung und Ökonomie bzw. von Bildung und Qualifikation aufweicht. So stellen Baethge und Baethge-Kinsky zu ihrer neueren Untersuchung fest:

„An die Stelle technisch-organisatorisch determinierter Arbeitsvollzüge treten sichtbar >Selbstorganisation<, >Selbstverantwortung< und >sozial-kommunikatives Handeln< als Bestand-

teil der Arbeitsprofile: Aktive Aneignung und Anwendung von Wissen und Erfahrung in betrieblichen Weiterbildungs- und Arbeitsprozessen, die Legitimierung von Arbeitshandlungen wie auch deren Korrektur nach Gesprächen mit Vorgesetzten und Kollegen, der kritische Abgleich eigener Arbeitsziele mit betrieblich zugedachten, dies alles muß unter Rückgriff auf entsprechende Kompetenz- und Verhaltenspotentiale geschehen" (Baethge/Baethge-Kinsky 1995, S. 152).

3. Was tun? Sechs Konsequenzen einer neuen berufspädagogischen Sicht des Neuen

erweiterte Qualifizierung

Es geht bei den skizzierten Anforderungen einer *erweiterten Qualifizierung* – wie der empirische Kommentar zeigt – nicht um die romantischen Vorstellungen einer Postulatpädagogik, um die schöne heile Welt der Selbstorganisation, sondern um reale, empirisch feststellbare Tendenzen auf den Arbeitsmärkten. Für die Gestaltung der Lernkulturen in unserer Gesellschaft ergeben sich hieraus u. a. folgende *sechs Konsequenzen:*

Gestaltung der Lernkulturen

(1) Schulen, Hochschulen und berufliche Bildung müssen sich in ihrer Didaktik – wollen sie diesen Wandlungen nicht (ungewollt) entgegenwirken – *komplementär* zu ihnen verhalten.

(2) Das Modell einer *nachlaufenden* Anpassung des Bildungswesens an die Entwicklungen muß dabei durch das Modell einer *Antizipation* bzw. – wie der Club of Rome in seinem Bericht „Zukunftschance Lernen" bereits 1979 feststellte – durch „antizipierendes Lernen" ersetzt werden: „Während Adaption die reaktive Anpassung an einen äußeren Druck beinhaltet, impliziert Antizipation eine Orientierung, die auf das mögliche Eintreffen von Ereignissen vorbereitet (...)" (Peccei 1979, S. 35).

„antizipierendes Lernen"

(3) „Antizipierendes Lernen" ist ein „reflexives", d. h. auf den Lernenden zurückweisendes Lernen: Es kann nicht mehr in erster Linie darum gehen, das einzelne Individuum an den Wandel anzupassen, es muß vielmehr darum gehen, die Anpassungsfähigkeit der Subjekte selbst zu entwickeln und zu fördern. „Qualifikation" beschreibt dann keinen Zustand mehr, wie in der Behaltensschule, sondern eine Fähigkeit bzw. ein Fähigkeitsbündel des Individuums.

„reflexives Lernen"

(4) Solche Fähigkeiten („Schlüsselqualifikationen") können nicht „erzeugt", sondern nur „ermöglicht" werden. Dabei gewinnt die didaktisch-methodische Seite des Qualifikationsprozesses (das „Wie?") zu Lasten der inhaltlichen Seite (das „Was?"), die bislang im Vordergrund stand, an Bedeutung: Der Weg ist das Ziel bzw. genauer: ein wesentlicher Bestandteil des Zieles.

Der Weg ist das Ziel.

(5) Notwendig ist die Gestaltung der Lernkulturen auf der Grundlage eines systemischen Bildes vom Lernen, welches das Lernen als *selbstreferentiellen Aneignungsprozeß individueller und sozialer Systeme* („learning company") definiert. Die vorherrschende, aber eher triviale Lehr-Lern-Illusion (Holzkamp 1993), daß *nur gelernt werde, wenn gelehrt wird,* sowie die Beschränkung auf das explizite Lernen mit der Annahme, *gelernt werde, was gelehrt wird,* müssen dabei aufgegeben werden.

selbstreferentieller Aneignungsprozeß

(6) Erforderlich ist ein „Wandel der Lernkulturen" i. S. einer Schaffung von schulischen und betrieblichen Sozialisationskontexten, die Erfahrungen einer eigenkompetenten Wirklichkeitserschließung systematisch ermöglichen. Nur so können *antizipierend* Mitarbeiterqualifikationen entstehen, die den einzelnen in die Lage versetzen, auch in betrieblichen Ernstsituationen ein entsprechendes Verhalten an den Tag zu legen, d. h. bei anstehenden Problemen nicht auf die Lösung „von oben" zu warten, sondern selbst „von unten" zu handeln, Lösungsmodelle vorzuschlagen und eigene Lösungen zu versuchen.

Schaffung von schulischen und betrieblichen Sozialisationskontexten

4. Von der ökonomischen zur didaktischen Reife – Perspektiven einer nachhaltigen Berufspädagogik

Von dem Industriekulturkritiker Ivan Illich stammt das Konzept der technologischen Reife. Damit markiert Illich ein Konzept, das um die sozialen und ökonomischen Voraussetzungen und Folgen von Technikanwendung sowie Technikgestaltung in einer ökologischen Perspektive weiß. Nicht nur der „eigene Haushalt", sondern auch der „bewohnte Erdkreis" markieren den Bezugsrahmen einer ökonomischen bzw. technologischen Reife (vgl. Dauber/Simpfendörfer 1981). Damit ist die berufspädagogische Theorie auf einen erweiterten Technikbegriff verwiesen,

Konzept der technologischen Reife

erweiterter Technikbegriff

der eine Verantwortungsdimension in sich birgt. Der normative Horizont, der dabei ins Spiel gebracht werden kann, ist dem Kantschen Kategorischen Imperativ nachempfunden, der – bezogen auf die Anwendung von Technik – umformuliert werden könnte: „Wende die Technik so an, daß Dein Energieverbrauch, Dein Schadstoffausstoß und Dein Natur-Verbrauch jederzeit auch von allen anderen Menschen ohne nachhaltige Schädigung des Erdballs in Anspruch genommen werden können." Wir alle wissen, daß wir von der Einlösung eines solchen ökologisch-ökumenischen „Imperativs" noch weit entfernt sind, solange der Energieverbrauch eines Europäers den eines Nepalesen um mehr als das Hundertfache übersteigt. Und es gehört nicht viel Phantasie dazu, sich auszumalen, mit welchen ökologischen Problemen unser Erdball bereits jetzt belastet wäre, wenn wir den kategorischen Imperativ in einem mißverstandenen Sinne realisieren und allen Menschen weltweit den von uns „praktizierten" Überkonsum von Energie zugestehen würden. Die ökonomisch-ökologische Perspektive führt uns vielmehr nachdrücklich vor Augen, daß wir nicht nur den Aspekt der Technik-Beherrschung verantwortlich neu durchdenken müssen, sie hilft uns auch, ein Konzept beruflicher Bildung zu hinterfragen, welches in „Mehr-desselben-Aktionen" zu einem fragwürdigen Ritual zu erstarren droht.

Konzept des lernenden Umgangs des Menschen

Der Wandel von Lernkulturen und die Lösung von Lehr-Lern-Illusionen sowie die Überwindung der Krisen der Fachbildung zeigen uns bereits heute in Umrissen ein Konzept des lernenden Umgangs der Menschen, welches sich in vielfacher Hinsicht auch wohltuend von den technologischen Formen des Umgangs mit Lebens- und Lernzeit unterscheidet, wobei dieser Aspekt auch deshalb wesentlich ist, weil Nachhaltigkeit immer auch ein „Nachhallen" in der zeitlichen Dimension ist. Wie unsere wenig gelassene Form des Umgangs mit Zeit auf „Eingeborene" anderer Kulturen wirkt, läßt sich bereits in den Reden des somalischen Häuptlings Tuiavii nachlesen. In dem Kapitel mit der Überschrift „Wie der Papalagi mit Zeit umgeht" schildert er unsere kulturtypische Hektik bzw. unseren Zeit-Habitus wie ich meine treffend:

„Der Papalagi ist immer unzufrieden mit seiner Zeit (...). Ja, er lästert Gott und seine große Weisheit, indem er jeden neuen Tag nach einem ganz bestimmten Plane teilt und zerteilt. Er zer-

schneidet ihn geradeso, als führe man kreuzweise mit einem Buschmesser durch eine weiche Kokosnuß. Alle Teile haben ihren Namen: Sekunde, Minute, Stunde. (...) Der Papalagi macht ein großes Wissen daraus. Die Männer und Frauen (...) tragen eine kleine, platte runde Maschine, von der sie Zeit ablesen können. Man übt es mit den Kindern, indem man ihnen die Maschine ans Ohr hält, um ihnen Lust zu machen. (...) Klagt der Papalagi >Es ist eine schwere Last, daß wieder eine Stunde herum ist<, ... obwohl doch gleich eine ganz frische Stunde herbeikommt. (...) Der Papalagi wendet seine ganze Kraft auf und gibt alle seine Gedanken daran, wie er die Zeit möglichst dick machen könne. Er nutzt das Wasser und Feuer, den Sturm, die Blitze des Himmels, um die Zeit aufzuhalten. Er tut eiserne Räder unter seine Füße und gibt seinen Worten Flügel, um mehr Zeit zu haben. Und wozu alle diese große Mühe? – Ich bin nie recht dahintergekommen ..." (Scheurmann 1977, S. 45 ff).

Literatur

Arnold, R.: Interkulturelle Berufspädagogik. Oldenburg 1981.

Arnold, R.: Wandel der Lernkultur. In: Fischer, A./Hartmann, G. (Hrsg.): In Bewegung. Dimensionen der Veränderung von Aus- und Weiterbildung. Festschrift für Joachim Dikau zum 65. Geburtstag. Bielefeld 1994, S. 305-313.

Arnold, R./Siebert, H.: Konstruktivistische Erwachsenenbildung. Hohengehren 1995.

Baethge, M./Baethge-Kinsky, V.: Ökonomie, Technik, Organisation: Zur Entwicklung von Qualifikationsstruktur und qualitativem Arbeitsvermögen. In: Arnold, R./Lipsmeier, A. (Hrsg.): Handbuch Berufsbildung. Opladen 1995, S. 142-156.

Blick durch die Wirtschaft: Halbwertzeit des Wissens 1988 (IMU 880860). o. O. o. J.

BMBW: Berufsbildungsbericht 1993. Bonn 1993.

Bourdieu, P.: Sozialer Raum und Klassen. Leçon sur la leçon. Zwei Vorlesungen. Frankfurt 1985.

Dauber, H./Simpfendörfer, W. (Hrsg.): Eigener Haushalt und bewohnter Erdkreis. Ökologisches und ökumenisches Lernen in der „einen Welt". Wuppertal 1981.

Freire, P.: Pädagogik der Unterdrückten. Reinbek 1973.

Fromm, E.: Humanismus als reale Utopie. Der Glaube an den Menschen. Schriften aus dem Nachlaß. Bd. 8. Weinheim 1992.

Gudjons, H.: Handlungsorientiert lehren und lernen. Schüleraktivierung, Selbsttätigkeit, Projektarbeit. 3. Auflage. Bad Heilbrunn/OBB 1992.

Harney, K.: Der Trend zum Selbst: Das neue Modernitätsverständnis betrieblicher Rationalität. In: Hessische Blätter für Volksbildung, 42 (1992), 4, S. 318-325.

Holleis, W.: Unternehmenskultur und moderne Psyche. Frankfurt a. M. 1987.

Holzkamp, K.: Lernen. Subjektwissenschaftliche Grundlegung. Frankfurt 1993.

Krapf, B.: Aufbruch zu einer neuen Lernkultur. Bern u. a. 1993.

Lepenies, W. v.: Das Ende der Überheblichkeit. In: Die Zeit vom 24. Nov. 1995.
Maturana, H./Varela, F.: Der Baum der Erkenntnis. Bern 1984.
Merk, R.: Weiterbildungsmanagement. Bildung erfolgreich und innovativ managen. Neuwied 1992.
Peccei, A. (Hrsg.): Zukunftschance Lernen. Bericht des Club of Rome für die 80er Jahre. München 1979.
Probst, G. J. B./Gomez, P. (Hrsg.): Die Methodik des vernetzten Denkens zur Lösung komplexer Probleme. In: dsbn. (Hrsg.): Vernetztes Denken. Ganzheitliche Führung in der Praxis. 2., erweiterte Auflage. Wiesbaden 1991, S. 3-22.
Probst, G. J. B.: Selbst-Organisation. Ordnungsprozesse in sozialen Systemen aus ganzheitlicher Sicht. Berlin und Hamburg 1987.
Rumpf, H.: Mit fremdem Blick. Stücke gegen die Verbiederung der Welt. Weinheim/Basel 1986.
Scheurmann, E. (Hrsg.): Der Papalagi. Die Reden des Südsee-Häuptlings Tuiavii aus Tiavea. Zürich 1977.
Terhart, E.: Lehr-Lern-Methoden. Eine Einführung in Probleme der methodischen Organisation von Lehren und Lernen. Weinheim/München 1989.
Todorov, T.: Die Eroberung Amerikas. Das Problem des Anderen. Frankfurt a. M. 1985.
Vester, F.: Neuland des Denkens. Vom technokratischen zum kybernetischen Zeitalter. 5. Auflage. München 1988.
Watzlawick, P.: Anleitung zum Unglücklichsein. München u. a. 1983.
Witzenbacher, K.: Handlungsorientiertes Lernen in der Hauptschule. München 1995.

Stichwortverzeichnis

Autorinnen- und Autorenverzeichnis

Rolf Arnold ist Professor für Pädagogik an der Universität Kaiserslautern. Seine Buch- und Zeitschriftenveröffentlichungen umfassen die Bereiche: Bildungspolitik, Erwachsenenbildung, Politische Bildung sowie Bildung in der Dritten Welt.

Andreas Fischer ist seit 1991 wissenschaftlicher Assistent am Zentralinstitut für Fachdidaktiken an der Freien Universität Berlin. Ein Schwerpunkt seiner Arbeit ist die Auseinandersetzung mit handlungs- und umweltorientierten Konzepten für den Wirtschaftslehreunterricht.

Anja Grothe-Senf ist Professorin für Umweltökonomie an der Fachhochschule für Wirtschaft Berlin. Dort ist sie unter anderem Umweltbeauftragte und verantwortlich für den Weiterbildungsgang „Umweltmanagement".

Klaus Hahne ist wissenschaftlicher Mitarbeiter im Bundesinstitut für Berufsbildung, Abteiung Medienentwicklung und Mediendidaktik. Seine Schwerpunkte sind die berufliche Umweltbildung, vor allem im Handwerksbereich, sowie die Konzeption neuer Lernkonzepte.

Klaus Halfpap ist leitender Regierungsschuldirektor in Nordrhein-Westfalen. Er konzipierte mehrere Modellversuche in verschiedenen Bundesländern – unter anderem zum Lernbüro und zur beruflichen Umweltbildung –, die er auch durchgeführt bzw. wissenschaftlich begleitet hat.

Konrad Kutt ist wissenschaftlicher Mitarbeiter im Bundesinstitut für Berufsbildung, Abteilung Innovationen und Modellversuche. Seit Ende der achtziger Jahre betreut er die Förderschwerpunkte für Wirtschaftsmodellversuche zum Umweltschutz in der beruflichen Bildung.

Kerstin Pichel ist seit 1994 wissenschaftliche Mitarbeiterin im Studienreformprojekt „Ökologische Aspekte der Betriebswirtschaftslehre" an der TU Berlin. Ihre Schwerpunkte liegen derzeit in den Bereichen Personal und Organisation sowie auf didaktischem Gebiet.